高校健美操教学训练一体化模式及其应用的研究

马超　寿旻超　著

延边大学出版社

图书在版编目（CIP）数据

高校健美操教学训练一体化模式及其应用的研究 /
马超, 寿旻超著. -- 延吉 ：延边大学出版社, 2020.12
　　ISBN 978-7-230-00638-5

　　Ⅰ. ①高⋯　Ⅱ. ①马⋯　②寿⋯　Ⅲ. ①健美操－教学
研究－高等学校　Ⅳ. ①G831.32

中国版本图书馆 CIP 数据核字(2020)第 255264 号

高校健美操教学训练一体化模式及其应用的研究

著　　者：马　超　寿旻超
责任编辑：秦立忠
封面设计：延大兴业
出版发行：延边大学出版社
社　　址：吉林省延吉市公园路 977 号　　　邮　　编：133002
网　　址：http://www.ydcbs.com　　　E-mail：ydcbs@ydcbs.com
电　　话：0433-2732435　　　　　　　传　　真：0433-2732434
制　　作：山东延大兴业文化传媒有限责任公司
印　　刷：延边延大兴业数码印务有限责任公司
开　　本：787×1092　1/16
印　　张：11.5
字　　数：200 千字
版　　次：2022 年 3 月 第 1 版
印　　次：2022 年 3 月 第 1 次印刷
书　　号：ISBN 978-7-230-00638-5

定价：56.00 元

作者简介

马超，浙江外国语学院讲师，西溪学者，研究方向为健美操、体育教育训练学。

寿旻超，浙江大学讲师，研究方向为健美操、体育训练学。健美操国际级运动健将，竞技健美操世界冠军。主要教授本校大学体育（健美操）课程，同时担任校健美操队教练、健美操社团指导教师。

前　言

    健美操是一项重要的高校体育项目，深受大众喜爱，其普及范围甚广，传播性极强。健美操结合了多种舞蹈的动作，充满了活力，不仅可以有效增进大学生的身心健康，还可以塑造身材，减少臀部和腹部的赘肉，改善肢体的协调性和灵活性。高校健美操教学训练一体化模式的提出，不但可以有效提高健美操的教学训练水平，而且能够实现教学训练计划，培养健美操人才。因时代的进步，以往的健美操训练已经不能满足学生的实际需求，教学内容也比较落后，为了使我国高校健美操教学训练模式与时俱进，本书将以此为目标对教学训练内容进行研究，为我国高校健美操教学训练提供理论基础与实践参考。

    为了提高我国竞技健美操水平，必须改变高校健美操的训练模式，提高健美操的训练水平。为了克服高校健美操教学模式及训练水平落后的问题，高校的健美操教学课程应结合体育训练的实际情况进行整改，以便于跟上社会发展的需要，不断提高健美操的整体水平，实现我国健美操教学与训练的统一。本书对我国高校健美操教学训练一体化模式进行了研究，以期实现我国健美操教育的与时俱进，达到高校对健美操教学训练和人才培养的要求。

    健美操教学训练一体化模式在高校的构建及应用，对于目前高校健美操教学的工作开展具有十分积极的作用。在开展具体工作的过程中，必须将健美操的教学和训练进行有机结合，构建更适应高校学生特点及发展规律的综合性教学训练体系，使得学生的身心素质得到进一步提高，让学生可以从高效的健美操教学训练过程中获得更多收益。

目　录

第一章　健美操的发展 1

　　第一节　我国竞技健美操的发展特点 1

　　第二节　新时期健美操的发展新动向 5

　　第三节　价值学视野下的健美操发展 8

　　第四节　基于库帕博士起源下的健美操发展 13

第二章　高校健美操教学的理论研究 19

　　第一节　高校健美操教学现状 19

　　第二节　高校健美操的教学特征与方法 24

　　第三节　高校健美操教学的社会实用价值 28

　　第四节　高校健美操教学与素质教育 32

　　第五节　在高校健美操教学中渗透美学 37

　　第六节　高校健美操教学的有效设计 40

第三章　高校健美操教学的理念改革 45

　　第一节　多媒体技术与高校健美操教学 45

　　第二节　排舞元素与高校健美操教学 49

　　第三节　探究式教学与高校健美操教学 53

　　第四节　翻转课堂与高校健美操教学 56

　　第五节　自主学习与高校健美操教学 60

第六节 健身产业化与高校健美操教学 65

第七节 成果导向与高校健美操教学 69

第四章 高校健美操教学训练一体化概述 74

第一节 健美操教学训练一体化的内涵 74

第二节 健美操教学训练一体化的困境 76

第三节 健美操教学训练一体化的构建 77

第四节 健美操教学训练一体化的有效性 82

第五章 高校健美操教学训练一体化模式 84

第一节 健美操教学训练一体化模式存在的问题 84

第二节 高校健美操教学训练一体化模式的构建 86

第三节 健美操教学训练一体化模式的预期效益 89

第四节 健美操教学训练一体化模式的实施方法 90

第六章 高校健美操教学训练一体化的具体内容 95

第一节 合理设置选修课 95

第二节 引入俱乐部形式 104

第三节 拓展课程领域 113

第四节 组建教师团队 120

第七章 健美操课堂教学与课外训练一体化模式及其应用 128

第一节 健美操课堂教学与课外训练一体化模式的内涵 128

第二节 健美操课堂教学与课外训练一体化模式的推广 130

第三节　健美操课堂教学与课外训练的整合模式探讨 132

第四节　健美操课堂教学与课外训练一体化模式的构建与应用 135

第八章　健美操教学与体能训练一体化模式及其应用 142

第一节　健美操教学与体能训练一体化存在的问题 142

第二节　健美操教学与体能训练一体化的作用 145

第三节　公共体育健美操课程与体能训练一体化模式 149

第四节　竞技健美操教学与体能训练一体化的应用 153

第九章　健美操教学与形体训练一体化模式及其应用 158

第一节　健美操教学与形体训练一体化模式的特点 158

第二节　健美操教学与形体训练一体化模式的应用 163

第三节　健美操教学与形体训练一体化模式的内容 168

参考文献 170

第一章 健美操的发展

第一节 我国竞技健美操的发展特点

竞技健美操是在音乐伴奏下，通过一系列动作的完美完成，展示运动员连续表演复杂和高强度动作的能力。竞技健美操主要锻炼身体各个部位的力量、柔韧性、协调性、灵敏性以及持久力。

竞技健美操随着健美操运动的蓬勃发展而迅速发展起来，它是一种更高层次的健美操运动，它比健身健美操的动作更加剧烈，更具有"健、力、美"的特点。笔者通过对国内外竞技健美操比赛情况和竞技规则等进行对比，研究分析了我国竞技健美操的现状及发展特点。

一、研究对象及方法

（一）研究对象

竞技健美操。

（二）研究方法

文献检索法、统计法、总结归纳法。

二、研究结果与分析

（一）竞技健美操的动作设计特点

竞技健美操是一个不同于自由体操、艺术体操和技巧运动的独立的体育项目，它具有动作类型多、复合性动作多、动作重复次数少、全套练习时间短和动作速度快等特点。

1.以操为主，操舞结合

在编排动作时，不仅要考虑其对身体各个部位的影响以及其在发展力量、柔韧、协调、灵敏以及持久力等方面的作用，而且还应在运动形态上有舞蹈造型美、外形美等特点。

2.精心构思，力求新颖

动作风格就是创编设计动作素材的取向侧重面。如以中国武术、古典芭蕾、爵士舞、现代舞或迪斯科等动作为创作基调，就要将将其贯穿于全套动作的始终。

（二）竞技健美操的技术特征

1.身体正确姿态的控制技术

身体正确姿态的控制技术是指在完成成套动作的过程中，要求运动员始终保持正确的身体姿态，无论是开始动作、动作过程，还是结束动作均要求保持正确的身体姿态。

2. 身体节律性的弹动技术

身体节律性的弹动技术是指在做整套动作的过程中，保持明确的节奏感，这种节奏感贯穿于身体的弹动中。身体的弹动主要是指下肢动作通过髋、膝、踝的弹动，身体通过对地面的作用力反作用于（脚）髋、膝和踝关节，产生依次的传递和关节的协调屈伸。

三、音乐特点

（一）音乐快慢与健身价值有很大关系

节奏快，运动量大，生理负荷也就大，运动员消耗的能量也就大，对运动员身体素质的要求更高。节奏快慢还与动作的激情、动作的气氛有很大关系。

（二）音乐是情感体现

健美操音乐多采用节奏强劲、韵律感鲜明、曲调优美、激发情绪、振奋精神的时代音乐。从 1995 年世界健美操锦标赛来看，大都是自己创造音乐，其中配有风声、雨声等，与动作非常吻合，体现了自己的情感。1995 年世界健美操锦标赛中，有 40.6%的队伍采用了民族音乐，说明音乐选择已从单一强节奏的时代音乐转向具有鲜明特色的民族音乐，与动作配合，体现民族特色。

四、难度发展

（一）难度动作的创新与种类增加

从近年来世界锦标赛及国内的一些竞技健美操比赛来看，体现上肢力量的三点俯卧撑已被普遍使用，二点俯卧撑（单手、单脚）也被越来越多的选手采用，并且有女运动员进行尝试，博得了喝彩。难度动作的创新与种类增加体现了运动员的能力，也为套路增添了难度与艺术欣赏性。

（二）舞蹈难度

竞技健美操在动作难度上也越来越大，平衡、跳跃类型动作增加，从 1995 年全国大学生健美操锦标赛来看，由前几届比赛中的搬腿（手搬）平衡渐渐过渡到控腿平衡及各方向的变化平衡。比赛中，高分腿跳、前后交换腿跳等空中变化方向、体位的跳跃占了优势，展现了运动员操纵自身的能力。

五、竞技健美操的编排特点

（一）多样性特点

国际体联竞技健美操竞赛规则中指出："成套动作必须表现出健美操动作类型、风格和难度的均衡性。"竞技健美操的多样性增强了它的观赏性，因此把握编排多样性是竞技健美操发展的趋势。

（二）新颖性

竞技健美操在编排上要新颖，主要体现在主题的新颖、动作的新颖、音乐的新颖，这些都是与众不同的、特色鲜明的，并且通过运动员的动作和表现与音乐风格完美地结合起来。

六、竞技健美操的身体素质特点

（一）体型特点

竞技健美操是"健、力、美"的体现，因此男子应具有肌肉，身高适中，身材匀称；女子应丰满健壮，具有时代美，如结实、粗壮，有女性特有的线条美。

（二）体能特点

竞技健美操竞赛规则规定，运动员要在大于 24 次/秒的音乐伴奏下完成成套动作，即使是静力性动作也需要消耗大量的体能来完成。

（三）心理特点

竞技健美操具有竞赛性，因此它具有一定的风险和挑战性，所以要求运动员有良好的心理素质，要有对比赛充满自信的稳定的心理状态，以及具有勇于迎接挑战的个性。

通过对竞技健美操各个方面进行分析，笔者认为全套动作设计的创新，选择动作类型的多样性，连续动作的流畅性，音乐的风格特点，同伴之间的配合及运动的表现力和感染力，竞技健美操动作对身体各部位的影响以及其在发展力量、柔韧、协调、灵敏以及持久力等方面的作用对竞技健美操的发展具有重大意义。

第二节 新时期健美操的发展新动向

健美操是一项以增进身体健康和塑造健美体形为目标、以有氧运动为基础、以身体练习为基本手段的体育运动。在全民健身运动蓬勃发展的今天，健美操逐步成为一项群众喜闻乐见的健身项目，呈现出新的发展趋势。从发展趋势上看，健美操运动会更加注重动作美和形态美的结合，更加注重健美操运动的音乐美，变得更加多样化和科学化。

健美操是一项以增进身体健康和塑造健美体形为目标、以有氧运动为基础、以身体练习为基本手段的体育运动，也是融体操、音乐、舞蹈、健身、娱乐于一体的，深受群众喜爱且普及范围广泛的体育项目。健美操起源于 1968年美国学者库伯尔设计的体能训练项目，1983 年美国举办了首届健美操大赛，后来健美操运动很快风靡全球。

一、注重动作美与形态美的结合

健美操是是力、形、美的完美结合，经常练习健美操可以促进身心健康，陶冶情操。随着生活质量的提高，大众的健身意识、审美意识等在不断增强，人们更加喜欢健身性和艺术性兼顾的健美操运动，渴望在健身中享受音乐和舞蹈所带来的艺术感受，这些发展变化对健美操的艺术性提出了较高要求。第一，力度美。所谓力度，是运动员在完成动作时肌肉的快速用力、动作速度、动作熟练程度的外在表现。健美操运动要求运动员的动作节奏鲜明、刚劲有力、力度感强，富有力度美和节奏美。与力量型体操相比，健美操有着较强的表现力、吸引力和感染力，显得自由灵活、富有弹性。在健美操运动中，运动员应做到"快""准""断"，动作速度快，肌肉发力部位准确，动作之间要有明显制动，不断提高技术动作的自动化程度。第二，新颖性。新颖性主要指健美操的动作新、衔接新、配合新、动作难度多样化等。近年来，各类健美操编排创新多体现在动作设计、动作组合等方面。同时，在成套动作艺术化、项目特点明朗化等方面也呈现出明显的发展趋势。

此外，随着健美操比赛规则的变化，竞技健美操会更注重动作规范性和技术质量，更注重难度动作衔接的流畅性，扣分尺度会更加严格，这些会对竞技健美操的发展产生较大影响。

二、对健美操音乐的要求更高

健美操运动涉及教育、体育、艺术三个领域，技术动作节奏突出、韵律鲜明、新颖别致、刚劲有力，具有普适性、音乐性、文化性、审美性等特征。

音乐是一种有着较强情感表现力的艺术形式，有着独特而完整的艺术规律。健美操运动有着较强的节奏性，优美的旋律、富有节奏感的"鼓点"能使健美操充满激情和动感，具有艺术表现力和感染力。此外，在健美操运动中，音乐有助于宣泄内心情感，增加健美操的生命力和艺术性，提升健美操的艺术品位，展现健与美的主题。因而，动作与音乐的完美融合已经成为健美操运动的发展方向，健美操大赛也越来越重视健美操的艺术性和观赏性。

可见，应将音乐融入健美操的动作、造型、表情等方面，用音乐营造氛围，表现健美操的特色，这样才能增强健美操的表演效果。在健美操编排时，应充分考虑技术动作的节奏性、旋律性等，使健美操的难度动作、过渡动作、组合动作等符合音乐结构。

三、多样化、科学化的发展趋势

（一）健美操的多样化

随着大众健身运动的发展，越来越多的社会群体参与到了健美操运动之中，这为健美操运动提供了广阔的发展前景，也使健美操呈现出多样化的发展趋势。在健美操编排时，可以增加一些现代潮流的运动形式，如拉丁舞、街舞、跆拳道、钢管舞等，创造出满足不同群体需要的健美操运动形式。

此外，民族化也是健美操的发展趋势。民族文化是一个民族在历史发展和社会实践中积淀起来的精神文化，是民族延续和发展的精神支撑。将民族文化融入健美操运动中是健美操运动发展的必然趋势。比如，在广州亚运会上，江西理工大学健美操队将客家文化和传统舞蹈结合起来，创编了"原生态"的健美操，这种带有乡土气息和民间韵味的健美操展现了中国传统元素，受到了社会各界的青睐。

（二）健美操的科学化

所有体育运动项目都具有科学性、健身性的特性，健美操也不例外。在健美操练习中，不科学的训练方式不仅无法收到良好的训练效果，还可能会导致运动损伤。同时，随着大众科学健身素养的提高，人们不再仅仅满足于跑跑步、打打球等简单的健身方式，而是追求更加科学、有效的健身方式，这使健美操的科学性显得非常重要。

可见，利用科学方法进行健身是增强健美操健身效果的有效途径，也是大众健美操健康发展的必然趋势。

健美操是一项深受群众喜爱的大众性运动项目，随着群众体育事业的蓬勃发展，健美操运动将进入一个崭新的发展阶段，各种健美操运动组织将会不断涌现，特别是《全国健美操指导员专业技术等级实施办法（试行）》的出台，对健美操运动的科学化、规范化发展将会产生重要影响。因而，应当遵循健美操运动的发展规律，积极推动健美操运动繁荣发展。

第三节 价值学视野下的健美操发展

随着社会的发展及人们生活水平的提高，人们对健康问题越来越重视。健美操运动具有健身、娱乐、塑形等多种功能，因此受到群众的喜爱。本节从价值学的角度对健美操发展方面的内容进行分析，对健美操价值存在的相关依据、健美操价值的具体体现等内容进行阐述，希望为健美操运动发展及相关研究工作的开展提供一定的参考。

健美操运动的起源时间较早，古希腊人认为体操能够锻炼身体，音乐可以陶冶情操，健美操这项运动集体操、舞蹈、音乐、健身、娱乐等多种元素于一身，因此受到人们的广泛喜爱，并且对人体身心健康发展等具有重要意义。

一、健美操价值存在的相关依据

（一）健美操价值主体

健美操运动价值的主体即为参与该项运动的人，不同人的身体素质具有较大差异，因此健美操能够对其产生不同的价值及潜在价值。健美操价值受人的情感意志、主体利益、需求、知识结构等多方面因素的影响，在人主观因素等方面的影响下，健美操运动可能会产生不同的作用，主体情绪较好时，能够获得更多愉悦的生理及精神感受；在主体情绪较为沮丧时，可能产生厌恶及抵触情绪，影响健美操运动的价值。此外，人的需求、知识结构同样对健美操运动的价值产生影响。从主体的角度来看，健美操运动只有在符合人们需求、利益和认知的情况下，才能获得人们更多的认可并得到发展；完善的主体知识结构能够使人们对健美操的规律、属性以及功能等产生更多的了解，使参与者对健美操价值进行更好的把握，使健美操朝着更加符合主体需求、喜好及利益的方向发展。

（二）健美操价值客体

节奏性、力度性、重复性、幅度性、对称性等均为健美操运动的动作特征，其表现形式与人的思维模式、行为模式具有一定关联。在进行健美操运动的过程中，主体能够实现锻炼身体的目的，提高自身心理、生理状态的稳定性，增强自己的终身体育意识。从价值客体的角度对健美操进行分析，发现其与人本质力量存在的结构、功能、属性等方面的联系不大，健美操具有有益身心健康发展、陶冶情操、娱乐、美育等多种功能，但是在作用于不同主体时，产生的价值具有一定差异，部分对象适合这项运动，健美操运动便产生了正价值，而对于一些不适宜的对象，健美操运动可能产生负价值，人们需要根据具体情况对健美操客体价值进行分析。

（三）价值活动

健美操价值主体、客体之间相互作用，产生了价值活动。活动可谓是健美操价值的基础，下面从两方面对健美操价值活动过程进行具体分析：其一，主体客体化过程；其二，客体主体化过程。就前者而言，需要在中介系统的辅助下进行，将人类的知识、智慧、情感、意志等投射至客体，使健美操客体随着人类的意愿发展，将人类的目的、计划、知识、设想等进行实体化。就后者而言，为主体消化吸收客体让其成为主体精神及血肉的一部分，能够对主体头脑、肢体等进行有效的锻炼，增强主体的力量。

（四）健美操价值中介

健美操主客体之间相互作用和影响的过程中，需要一定的手段及工具，即价值中介。在价值中介缺失的情况下，价值主客体之间无法相互作用，不会产生价值，因此需要对健美操价值中介产生足够重视，对网络媒体、报纸、杂志一类的中介进行充分利用，为实现健美操的审美价值、健身塑形价值、人际关系补偿价值等奠定坚实基础。

二、价值学视野下健美操的发展

（一）健美操价值的创造、实现及发展

为了促进健美操的发展及价值的实现，需要对自然规律方面的问题进行研究，提高健美操运动支配肢体运动的合理性，使运动效果符合自然规律，动作形式契合发展要求，提高健美操运动的负荷强度，进而更好地满足参与主体的需求，为健美操客体价值的实现奠定基础。

健美操运动对人体生理解剖规律方面的内容进行了更多考虑，对动作进行创编时，使运动负荷逐渐递增，逐渐提高动作的难度和复杂度，当身体负荷达到一定程度后，保持一段时间，之后逐渐降低运动量，使心率按照慢—快—慢的规律转变，逐渐恢复至平稳状态，进而实现锻炼人体呼吸系统、心血管系统等方面的目的，提高健美操运动的科学性及价值。随着健美操参与主体需求的变化，健美操运动需要进行相应的改变和发展，进而满足人的精神需求、发展需求。健美操的内容、形式、层次等均有所改变，更好地锻炼了人体肌肉力

量、体力、智力等，提高了参与主体的自由度。健美操运动的发展需要符合参与主体艺术理解能力、意志、主体情感、知识水平等方面的情况，在主体素质有所差异的情况下，产生的价值也存在较大差异，因此需要在实践过程中逐渐对健美操进行完善，逐渐使健美操运动的价值创造与价值实现辩证统一，为健美操的发展提供更多支持。

（二）健美操形体美的发展

健美操健身塑形的功能是很多人关注的重点，为了使参与主体的形体美有所提升，矫正部分人的不良体型，实现增加肌肉力量、减脂等目的，将人的形体美更好地塑造和展现出来，提高参与主体肌肉、骨骼、韧带以及关节等方面的协调性及联系性，对参与主体身体的灵活性、稳定性等进行锻炼，赋予人体更多生机及韵味，需要在实践过程中对健美操运动进行不断的调整和优化，加强对参与主体形体的塑造和锻炼，使其朝着有益的方向发展。

（三）健美操运动美的发展

健美操具有一定的运动价值及运动美，参与主体能够随着音乐做出相应的动作，通过自己的身体对健美操的运动之美进行展现，表达健美操运动蕴含的文化内涵。下面对相关内容进行具体分析：

（1）运动速度、力量等方面的提升。力量为健美操运动的基本要素，对健美操的运动质量、难度等具有较大影响。为了提高健美操的运动美及运动价值，人们已经对健美操运动进行了相应的调整，使其朝着适当的方向发展，进而对参与主体的运动爆发力、运动耐力、运动灵活性、运动速度等进行锻炼和提升，更好地实现健美操运动的价值。

（2）身体协调性、柔韧性、平衡能力等方面的提升。为了对参与主体的肌腱、关节、骨骼、韧带等方面的伸展性进行锻炼，提高人体的柔韧度，人们对健美操运动进行了相应的调整，对动作进行科学合理的编排，进而对人体的协调性、柔韧性等进行更好的锻炼，促进健美操价值的提升。此外，健美操运动在实践和发展过程中，能够对参与主体的平衡能力进行有效锻炼，提高参与主体形态结构的对称美，使参与主体能够对自身肌肉收缩等进行更好的调节，保持力量、重心等方面的平衡，将优美的人体动态造型展示出来，借助快速跳跃、旋转等动作锻炼人体的灵活性及平衡能力。

（3）健美操动作、造型、整体效果等方面的发展和提升。随着健美操的逐渐发展，人们设计出更多新颖的动作，动作难度也有所变化，使得健美操运动的价值有所提升，通过巧妙结合及应用，能够使动作造型更加优美，提高了健美操运动的艺术性。就健美操运动整体效果方面而言，健美操运动逐渐向整齐统一、平衡对称、和谐的方向发展，动作完成过程中，自选动作、规定动作更加整齐，整体观感效果及运动美价值有所提升。

（4）健美操运动服饰、音乐方面的发展。如今，人们对健美操视觉印象、服饰设计等方面的内容产生更多重视，为了满足欣赏者的审美需求，健美操场地、运动设施、服饰等方面均有所变化和发展。就服饰方面而言，其美观性有所提升，对服饰新意、合体性、适度性等产生更多重视，通过美观大方的服饰使健美操运动更具视觉冲击力。此外，健美操运动的音乐同样有所变化，音乐节奏更加适宜，旋律更加优美，能够将健美操运动的情感、艺术色彩等进行更好的展示和表达，为健美操运动表演效果、艺术性、价值等方面的提升奠定坚实基础，为人们带来耳目一新的感觉。通过适当的音乐，能够营造一种适宜的表演氛围，在音乐节奏、健美操动作风格一致的前提下，能够使健美操参与主体和健美操运动产生更多共鸣，同时也可以为观赏者带来更好的感官体验。

总结全文，健美操运动的价值可以从主体需求、意义、属性、关系、效用功能等多种角度进行研究和分析，其将人与社会当作主体，以自身为客体产生了一系列肯定或否定的关系，通过对这些关系和价值进行研究，可以使健美操运动朝着更好的方向发展，让健美操运动更好地满足人与社会的需求，提高健美操运动的价值。

第四节　基于库帕博士起源下的
健美操发展

　　针对库帕博士创编健美操以来健美操的发展现状展开研究，笔者认为库帕博士的创编对健美操基本功能的定位和基本形式的确立起了重要作用，健美操的功能、类别与具体的知识和技术技能在此基础上得以发展与创新，并将在职业化与医疗保健方面得到快速发展。

　　两千多年以前古希腊人主张"体操锻炼身体，音乐陶冶精神"，于是有了健美操的诞生。而自美国太空总署医生库帕博士创编健美操以来，经过不断的创新与发展，健美操以越来越多的表现形式与功能，被各个时代的人们所喜爱。在半个世纪里，健美操从最初作为宇航员的专用体能训练手段之一，通过著名明星简·方达的创新，逐渐成为风靡全球的时尚体育项目，从明星走向普通群众，从一般的健身走向全面的健身、健心、健美，从普通的体能训练走向竞技等方向，一直在时尚体育的范畴中不断地得到创新与发展。

一、库帕博士对健美操发展的贡献

（一）基本功能定位

　　作为医学博士，显然其创编健美操的目的，是站在人体解剖学与运动生理学等科学角度，对宇航员等做出具有针对性的体能改善与提升训练创新。他根据宇航员实际工作需要，立足在三个层面对健美操做出了功能性的定位：①塑体功能。在载人飞船中或其他的宇航载体中，宇航员的实际活动是非常狭小的，宇航员需要有着非常紧实的形体，才能适应宇航器内部各种工作开展与活动的需要。②体能提升功能。即在有氧运动中，不断地提高身体各个部位的体能，如力量、速度与柔韧性等，尤其是宇航员在特定狭小的空间内，运用自身身体的柔韧性开展各项工作是必需且必要的。③愉悦精神功能。由于健美操从一开始就是在某种特定款式的服装与音乐的伴奏下开始的，无论是服装还是音乐本身，都可以激发运动者对快乐的追求。

（二）基本表现形式确立

库帕博士对健美操的另一重大贡献，就是健美操基本表现形式或表演载体的确立：①针对性的动作。即在有氧运动的基础上，根据教练或练习者本身对自己身体素质的了解，开展针对性的训练，可以练习器械健美操，如杠铃、哑铃与跳绳健美操等，通过这些针对性的动作，可以对其训练肢体部位的素质实施针对性改善与提高。②专门性的服装。健美操除了对服装的材料选用有专门的要求外，如弹性、纯棉等，也要求服装具有简洁、美观与突出训练部位的特点，如突出女性修长的腿部、无赘肉且比例协调的腰部等，突出男性的力量等，且不会对身体产生束缚感等。③特定性的音乐。健美操音乐的创作与选用，基本按照能够调动运动者的激情为主，且和健美操类型一致即可。因而，音乐在健美操的练习中，在一定意义上具有灵魂性引导作用。

二、库帕博士对健美操创新的发展作用

（一）功能创新发展

根据当前健美操练习的实践，健美操除了具有健身功能外，又在 3 个方面做出了功能创新发展：①健美功能。此项功能是健美操的基本功能之一，无论健身性或竞技性，其都具有塑体性健美功能。在训练中，既能减少身体的赘肉，也可以使削瘦者通过训练使身体健壮起来，满足了人们通过健身训练追求外在形体美的需求。②健心功能。无论是健美操音乐的运用，还是服装与运动氛围的营造，都直接地建立在相对快乐的心理前提下，尤其是教练或领舞（领操）者的解说等，会用语言的暗示或直接指导，让运动者以积极的态度参与训练。再者，结合那些具有动感或优美的乐曲运用，每个运动者都会获得愉悦的运动感受，由此增进人们的身心健康。③康复保健功能。当前，这种功能主要体现在那些职场中处在亚健康状态的人群，健美操的训练可针对性地改善他们的身心状态，如心肺受到的挤压在训练中得到舒张，如腰肌劳损在训练中可以得到修复性的改善。

（二）类别创新发展

库帕博士体能训练的类别创新发展主要包括：健身类与竞技类。①健身类，从是否使用器械辅助训练，又可以分为两大类：徒手健美操，如拉丁健美操与一般健身操等；器械健美操，如健身球操与哑铃健身操等。其他的还可以按照性别、年龄、人数多少、锻炼部位与塑体的功能等来进行分类。②竞技类，其类别相对固定，如单人类，女子、男子单人；混合双人、三人、五人操等。当然，随着各项体育运动的创新与项目之间的互相学习和借鉴，健美操也出现了更多的形式创新：①与时尚体育项目结合，此类形式有瑜伽健美操、街舞与女性搏击健美操等；②与舞蹈等艺术结合，健美舞就是在这种背景下被创编出来

的，如在中央五套节目中播出的"敦煌健美舞"，即是健美舞中的一类；③与职业环境结合，当前针对办公室白领的健美操，正在被越来越多地创编出来，让他们能充分利用办公室等狭小空间开展适当的健身训练，以提高他们的工作绩效和积极性。总之，健美操随着人们对健身需求的多元化，正在朝着更加实用化、多形式化的方向发展。

（三）健美操知识与技术技能的创新发展

库帕博士的创编，显然只是立足当时宇航员的现实需要而展开的，其动作、技术技能以及各种可能运用到的医学原理、运动学原理与心理学原理等，都随着健美操功能的开发与种类创新等，不断地得到发展。其相关的知识与技术技能的创新发展体现在以下三个方面：①基础知识与技术技能。如基本的腿法、脚法、步法与手法等，以及肢体的屈、伸、举、摆等动作，这些都是健美操的最基本动作符号，任何的动作创新都是对这些动作以及肢体的再次组合。在健美操的发展中，各种肢体的动作都在不断创新，如常用的手型就有并拢式、芭蕾式等7种。②组合动作知识与技术技能。所谓组合，就是在上述基本动作的基础上，做出的创新性整合，使其在原来的基础上产生新的健身功能与意义等。例如，健身球、哑铃等组合运用，不仅创新了种类，也对相关器械的运用产生了新的要求。③高难度动作知识与技术技能。随着健美操走上了世界竞技舞台，其动作的难度，直接关系到健美操的艺术性与美感。如不同难度的旋转与托举动作的成功完成，都在一定意义上体现了健美操知识与技术技能创新发展的水平。

三、健美操的发展展望

（一）职业化发展

职业的精细化分工，为健美操的职业化发展奠定了现实基础。根据当前的职业现状，总体上可以分为两类：①白领职业健美操。即根据白领长期坐姿与伏案工作，且腰部以下肢体部位活动较少的情况，做出的具有针对性的创编，使他们的腰部以下肢体得到恢复性的锻炼。其中，也会针对其上肢腹部、胸部与颈椎等部位，开展舒展性的运动，让他们的心肺功能得到全面的、自由的发展。这种健美操的创编，会逐步改善白领职业的眼疲劳、电脑脸、鼠标手，以及塌腰、耸肩与驼背等习惯性的肢体体型，让他们尽可能地保持相对优美的姿态，塑造良好的形体。②蓝领职业健美操。由于蓝领多从事体力性的劳动，此类职业健美操需要创编各种针对肢体部位劳损改善性的动作，让他们长期从事劳动的肢体部位得到运动性的修复改善。如针对长期站立的蓝领职业，就需要加强他们腿部与腰部的锻炼，避免产生如静脉曲张、腰肌劳损等类型的疾病；再如长期使用某个或某几个手指的工作，就要加强对其手指或手臂的锻炼，减少其患腱鞘炎类职业病的概率。因而，职业化健美操将会对各种职业群体，产生直接的保养提升性与恢复改善性的功能作用，不仅可以延长他们的职业寿命，也可以激活他们的创新潜力。

（二）医疗保健化发展

当前的社会，无论是由于各种突发灾难，还是其他的原因导致的疾病，除了医学治疗的手段外，就是体育康复。健美操作为具有愉悦身心功能的运动形式，其对那些患病后需要小心保养的群体而言，具有两种典型的功效：①运动疗效。即根据不同的疾病，创编具有针对性治疗和保健功能的健美操。如对患有心脏疾病的群体，可以开发那些节奏较慢的健美舞，让他们在切合自身身体实际的节奏中，慢慢地提升自己的心肺功能。当然，对其他的疾病群体，也要根据其患病情况，以及其治疗的医学原理，做出针对性的创编，避免不当运动造成的二次伤害等。②心理疗效。无论是哪种类型的健美操，基本上都采用了相对优美或充满快乐激情的音乐，穿着能扬长避短的健美操服装，在愉快的氛围中开展健美操活动，对患者可以起到积极理想的心理治疗作用。

自库帕博士创健美操以来，随着时代的发展，健美操以独有的健美功能、医疗功能以及其艺术价值、魅力等，深受广大群众喜爱与追捧，开始在我国蓬勃发展，逐步走向成熟。其功能、种类以及其他的元素等都在满足人们多元化需求的过程中，在个人、群体与社会的内在美与外在美的统一中得到全新的发展。

第二章 高校健美操教学的
理论研究

第一节 高校健美操教学现状

　　健美操作为高校体育教学的一个重要课程类别，受到广大女学生的欢迎，选修健美操的学生人数很多。在教育不断发展的背景下，高校健美操教学也呈现出一些新的问题，教学现状距离预期的效果目标还有差距。所以，对健美操教师来讲，就应该对目前的教学现状进行反思，找出当前教学活动存在的问题，然后通过有效的手段对健美操教学进行优化改善，最大限度地提升健美操教学的有效性。笔者针对这方面的相关内容进行了分析，提出了一些教学建议，希望可以给业界同人一些参考帮助。

　　健美操是一项具有很高普及度的体育项目，尤其是在女性群体中，各种减肥减脂操，都可以归属于健美操的行列。健美操融合了舞蹈、音乐、健身、娱乐等多样化的元素，还可以对身体进行全面锻炼，是一项值得推广的体育项目。在高校体育教学中，健美操课程的选修人数也非常多，经常处于一课难求的状态。不过，虽然健美操课程的选修火爆，但是教学现状却不容乐观，尤其是着眼于教育改革的宏观趋势来讲，当前的健美操教学出现了一些和教育改革不符的地方，这需要引起有关人士的重视，并通过合理的策略对健美操教学进行有效的优化。

一、当前高校体育健美操教学的现状分析

结合目前健美操教学的实际开展情况，同时结合业界同人对健美操教学做出的相关调研，可以发现目前教学活动还存在一些明显的短板，未能跟上教育发展的趋势。

（一）健美操教学的信息化程度不高

信息化教学，是目前社会发展的一个整体趋势，对教育教学来说也是如此。运用信息技术，构建起信息化的教学模式，对教育教学具有重要意义。然而在健美操的教学中，对信息技术的利用非常薄弱，很多时候都是一台音响用到课堂结束。

（二）课堂模式单调，不能体现学生的主体性

从目前健美操教学的具体开展情况来看，课堂教学模式以教师讲解示范、学生模仿练习这样一个套路为主。在这样的一种教学模式之下，学生的主体性就很弱，课堂由教师主导，学生的学习行为全部听教师指挥。这样一来，学生就很难发挥出自身的学习主动性。

（三）该教学活动缺乏层次性

虽然选修健美操的学生很多，但是实际上这些学生的健美操水平并不一样。有的学生可能已经学习过健美操，有了一定的基础；而有的学生可能是从零开始学习，基础薄弱。另外，学生彼此之间的身体素质也不一样，有的学生柔韧性好、律动感强；而有的学生身体素质一般，也缺乏律动感，这样要想学会健美操，难度就比较大。鉴于这样的情况，教师应该对学生实施层次化的教

学和指导，有针对性地教育学生。不过，目前健美操课堂教学还处在统一化的模式当中，并未体现出学生的差异性，这就会影响教学效果。

二、高校健美操教学在新时期需要关注的要点

在高等教育中，健美操属于体育课程的一部分，虽然说学生需要学习高水平的专业知识，但是体育锻炼也是不可缺少的。正所谓"身体是革命的本钱"，没有一个健康的体魄，自然就会影响学生的学习和生活。随着科技的发展，很多学生对电子产品产生依赖，导致日常锻炼不足，身体素质欠佳。所以，体育教学有助于提升学生的身体素质。在这样的形势下，健美操教学需要关注到一些要点，把握这些要点才能让教学活动取得良好的效果。

（一）关注教育改革

在当前的形势下，教育改革是一个宏观趋势，各个层次的教育活动，都在大力推进改革。所以，就健美操教学而言，也需要关注教育改革的根本需求，着眼于相关的改革要求，对健美操教学进行有效的创新，最大限度地提升教学有效性。

（二）关注学生成长

教育教学并不仅仅是传授给学生理论知识，还需要推动学生的发展与成长，让学生的综合素质可以达到更高的水平。对健美操教学来讲，也需要教师在课堂教学中关注学生的成长，以健美操为载体，推动大学生综合素质的提高，不仅仅是身体素质要提高，其他方面的素养也一样要提升。

（三）关注学生锻炼

高校体育教学，除了教给学生体育技能之外，还要让学生切实得到锻炼。现如今，不少大学生除了体育课进行锻炼外，其他时间就很少进行自主锻炼。

因此，在健美操教学中，教师要关注学生锻炼习惯的培养，让学生可以在课余时间坚持锻炼，形成良好的运动习惯。

三、高校健美操教学的创新优化策略

针对目前高校健美操教学存在的一些问题，体育教师需要形成有效认识，理解这些问题给健美操教学造成的具体影响，然后把握健美操教学应该关注的要点，对教学活动进行有效的创新优化，最大限度地提升健美操教学的有效性。

（一）运用信息技术辅助健美操教学

对教育教学来讲，信息技术可以起到多方面的作用，比如直观化呈现知识，激发学生的兴趣，等等。鉴于信息技术所具备的积极作用，在健美操教学中，教师可以对相关技术进行合理运用，构建起一个信息化的健美操课堂。首先，教师可以借助多媒体辅助教学。多媒体是运用很普遍的信息技术，在健美操教学中，针对具体的技巧进行讲解时，教师可以通过多媒体展示具体的健美操视频，让学生根据视频来理解健美操的具体技术动作，这样可以形成有效的认识。其次，教师可以借助新媒体拓展教学时空。当前新媒体已经成为人们日常生活的一部分，"双微一抖"在日常生活中广泛普及，三个平台的用户总量达到20亿人次。因此，在健美操教学中，教师可以基于"双微一抖"，以小视频的方式，在课外给学生播放健美操视频，让学生可以在课余时间对照小视频学习健美操。

（二）构建起多样化的教学模式

除了利用信息技术来辅助健美操教学之外，教师还需要对教学模式进行合理的优化，构建起多样化的教学模式，让健美操教学更具新颖性和趣味性。具体来说，教师可以创建小组合作学习模式，也就是将学生分为健美操小组，一般以 4 人一组为宜。4 名学生在一起，共同展开健美操的学习，彼此之间相互监督与鼓励，这样可以在健美操学习过程中实现有效的交互，提高学习兴趣。其次，教师可以构建想象训练。所谓的想象训练，就是以学生个体为核心，让学生在脑海中对具体的动作技术流程和其中的要点进行想象，在脑海中清楚、准确地模拟出集体的健美操流程，然后再根据自己的模拟来进行练习。这样的方式可以让学生对健美操的相关技术动作进行有效掌握。最后，教师还可以创设情境教学，也就是将健美操教学融入具体的情境之中。比如，可以创设影视剧情境、比赛情境等，让学生融入具体的情境中进行锻炼，这样可以使其更加专注、高效。

（三）对学生实现层次化指导

在健美操教学中，学生的学习效果并不一样，有的学生效果好，有的学生效果差。因此，在课堂教学中，教师需要对学生进行层次化的指导，确保学生可以取得进步。比如，对于健美操学习效果好的学生，在对他们进行指导的时候，适当点拨即可，给学生留下充足的自我思考空间，引导学生自主探索；而对于学习效果差的学生，在对其进行指导的时候，就可以详细一点，甚至手把手地进行指导，确保学生可以准确把握健美操的相关技术动作，增强教学效果。

对高校健美操教学而言，其在当前环境下还存在一些明显的问题。作为健美操教师，需要对这些问题形成有效认识，然后合理创新健美操教学模式，推动健美操课程在新时期获得更好的发展。

第二节 高校健美操的教学特征与方法

高校体育课程中健美操是其中的一个部分，它具有健身和塑造体型的作用，高校大部分的女生都会选择这门课程。健美操将艺术与体育完美地进行结合，并且能够锻炼人们的身体素质，提升人的内在气质。在学习健美操时，需要配备相应的音乐，进而能够给人们带来一种乐感，使身心都能够得到很好的发展。

健美操以其独特的功能深受高校学生们的喜爱，在高校得到了很好的推广。高校健美操课堂中仅靠教师的讲解与示范，学生难以有效规范技术动作，同时也难以达到很好的教学效果。因此，教师要利用健美操的教学特征让学生能够更加积极、主动地参与健美操的学习与训练，不断完善高校健美操的教学方法，进而达到增强健美操教学效果的目的。

一、高校健美操的教学特征

健美操是一种体育项目，在高校内非常受广大学生的喜爱，同时健美操又可以将音乐、舞蹈和体育相结合，因此具有很强的节奏感。高校健美操的教学中需要播放音乐，学生通过音乐来完成相应的技术动作。健美操对于提高学生的身体素质有着重要的作用，同时还可以让学生的身心得到很好的发展。健美操在高校教学中主要有以下几点特征：

（一）身心发展，具有时尚性

健美操中具有着浓厚的艺术气息，同时还有一定的美学价值，因此学生在健美操的学习与训练中身心能够得到很好的发展。健美操深受学生喜爱，学生在参与的过程中既可以增强身体素质，还可以让心情保持良好的状态。随着人们对于体育锻炼思想的转变，健美操的内容也在紧随时代的发展而发生变化，因此具有时尚性，这样不仅可以满足高校学生的发展需求，而且可以让他们更加积极、主动地参与健美操的学习与训练。

（二）教师亲自讲解示范

健美操是由许多技术动作组合而成的，对于每一个动作都有着非常严格的要求。因为规范的技术动作不仅看起来美观，同时还可以保证学生在学习与训练过程中的安全，避免因动作不规范而导致受伤。所以，在高校健美操的教学过程中，教师需要对每一个技术动作进行细致的讲解与规范的动作示范，只有这样学生才可以在教师的正确指导下掌握标准的技术动作，进而形成连贯的动作。

（三）音乐的配合

健美操是需要音乐与其配合的，当学生在进行健美操运动时，不仅可以感受运动的魅力，同时还能感受韵律的美。音乐融入健美操之中，不仅让健美操更加完善，同时还可以调动学生的多种感官，让学生能够通过健美操的学习获得更好的发展。另外，音乐还可以调动学生们学习的积极性，使学生主动在充满激情的音乐中绽放自己。

二、高校健美操的教学方法

高校健美操教学中，需要学生全面放松肢体，但是部分学生会存在害羞心理。这种心理现象会让学生无法有效伸展肢体，进而使健美操中动作的美观无法得到体现。有些学生在健美操学习中协调性较差，音乐的节奏感较低，这会造成学生无法有节奏地练习技术动作，进而无法积极、主动地参与健美操的技术动作学习。在这样的情况之下，高校健美操教师需要对自身的教学方法进行改进，通过科学、合理的教学方法来让学生获得更好的发展。通过调查得知，大部分学生在课后是没有意识主动通过健美操来进行锻炼的，大学生对健美操的重视程度较低。造成这一现象的主要原因就是高校大学生认为健美操的技术动作较难，复杂的动作会让学生产生抵触、恐惧的心理，因此针对这一心理特征，教师可以通过口令暗示的方式提高学生完成动作的连贯性，进而解决学生的心理问题。在高校内，虽然有些教师不是科班出身，专业能力较弱，但是若教师对教学方法进行有效的改进与运用，将优点充分发挥出来，仍然可以取得较好的教学效果。在高校健美操教学中所运用的教学方法主要有：

（一）分组练习法

在健美操教学中应用分组练习法之前，教师必须对每一位学生的特点进行充分的了解，之后再进行细致的分组，以小组的形式来进行动作的练习，这样一些健美操技术动作较好的学生就能够带动技术稍弱的学生进行练习，同时在学习新技术时也能够更加快速地掌握，进而达到增强健美操教学效果的目的。

（二）思维创新法

当学生掌握了健美操基础技术动作时，需要将所有动作组合起来形成连贯的动作，通过思维创新法可以有效缩短这个过程。学生在有效的课堂时间内能够自主地对健美操动作进行组合，可以充分发挥出自己的创新能力及自主学习选择能力。学生会根据音乐的不同、参与人员的不同等来编排不同的组合动作，这可以有效锻炼学生的思维，进而让学生能够更好地完成组合动作。

（三）电化教学法

传统的高校健美操教学方法是难以满足学生的实际发展需求的，教师要想在有限的时间内让学生能够得到更好的发展，需要借助一些先进的辅助教学设备。随着时代的进步，越来越多的先进体育设备以及多媒体设施被引入高校健美操课堂之中，这样教师可以通过多媒体设备对技术动作进行优化，进而加深学生对技术动作的理解，规范自身动作。同时这些先进的教学设备也能够很好地和时代与艺术相接轨，学生在心理上也可以更好地接受，进而会更加主动地参与到健美操的学习中。

（四）指导学生自主学习

在高校健美操课堂中，教师若耗费过多的时间进行技术动作的讲解与示范，就难以体现学生在课堂中的主体性，同时也难以达到良好的教学效果。教师指导学生自主学习主要是指学生通过教师的指导，能够更好地进行自主的学习与训练。这种方法可以充分发挥出学生的主体性，学生在教师的辅导之下不仅能够快速掌握技术动作，还可以形成良好的健美操学习习惯。这样即使健美操课程结束了，学生也能够保持良好的态度在课后进行健美操学习，进而让自己的身心能够得到很好的发展。

（五）音乐配合

在健美操的学习中，一些学生的乐感较差，因此教师在进行热身以及休息的时间，可以根据教学内容的节奏来选择合适的音乐进行播放，让学生能够对音乐的节奏具有初步的认知。这样学生就会逐渐具有乐感，进而在后续的健美操学习中能够强化自己的节奏感，增强技术动作的表现效果。

（六）改善教学评价方式

健美操的教学评价不应当仅根据学生的动作完成效果来进行，应对其进行相应的完善。虽然统一的标准可以让学生更加严格地要求自身的技术动作，但是学生很容易忽略技术整体的美感，同时自身的风格与特点也难以融入其中。因此，教师的教学评价应当更加多元化与人性化，不仅要根据学生技术动作的掌握情况，还应当根据学生的学习态度。教师可以运用自评与互评法，积极鼓励学生对整套动作进行创新，进而让学生可以更好地参与到健美操的学习中。

综上所述，健美操具有着非常多的优秀特点，既可以融合艺术，同时还可以融合音乐。对于大学生而言，不仅能够有效提高身体素质，同时还可以提高内在气质。因此，教师要善于运用科学、合理的教学方法来进行健美操教学，进而让学生能够获得更好的发展。

第三节 高校健美操教学的社会实用价值

健美操是高校体育教学的重要内容，然而由于受各种因素的影响，致使其实用价值较低。基于此，本节在全面解析高校健美操教学发展现状的基础上，对提高高校健美操教学实用价值的必要性进行阐述，对其实用价值的提升途径进行探讨，目的在于促进高校健美操教学满足社会发展的需求。

一、提高高校健美操教学实用价值的重要意义

如今我国的全民健身运动进行得如火如荼，高校从学生就业形势和社会体育事业发展两个角度考虑，其体育专业培养方案开始一步步向社会体育靠拢。换个角度思考，高校进行各项社会体育活动的专业性培训，本身就具有天然的资源优势，因为高校拥有大量的专业教师资源，也能够给学生提供专业的训练场地和充足的训练时间。但是高校并没有很好地利用这种资源优势，没有通过这些丰富的资源来培养学生的大众健美操专业应用能力。高校应贴合实际需求来进行教学改革。首先，提高高校的健美操教学的实际利用价值，这是为了满足社会的需求，也可以保障学生的就业；其次，从素质教育的角度来看，

高校应培养能够适应社会的综合性人才。

　　无论从哪个方面来说，打破高校健美操教学活动的固有模式是必须立即开始的，象牙塔里的理论教学不是在提升学生的能力，而是让学生最终毕业就等于失业。将理论教育与实践训练相结合是一个体育类大学生应当能做到的，因为他们日后到社会上大多是从事体育培训类工作，无论是只了解理论，还是只会经验主义的实践都不合适，一个合格的社会体育教练员需要将理论联系实践。

　　目前，我国全民健身的氛围是很好的，各地都会十分热烈地开展各项社会体育活动，各地方的政府和单位也都努力地提供各种公共资源，如公园、广场等，让大众去进行各种对身心健康有益的健身活动，也在财政允许的情况下，在公园等公共场地安装一些公共健身器材。可以说，无论是政府的支持力度，还是人民群众本身的热情都在不断提高，但是令人高兴的形势背后也存在着巨大的问题。就目前而言，各地方的大众健身活动都是自发组织和兴起的，各地方一般只是开放了各种公共场地来供给人们使用，对于资源的管理和分配并没有进行干涉。这样其实是不对的，因为单纯依靠兴趣爱好组织的活动很快就会让人们失去新鲜感，从而失去了兴趣。换个角度想，人们进行锻炼的时候是想看到自己的进步的，非专业的自主练习，其进步效果并不会比专人指导下的效果好。因此，需要大量的体育人才来对这些民间活动进行统一管理，这样这些民间活动才能稳步地向前继续发展，形成更加科学、高效的全民健身氛围。

二、提高高校健美操教学社会实用价值的途径

（一）打破故步自封的发展观念的束缚，实现与社会大众健美操运动的广泛交流

我们之所以说要提升高校健美操教学的实用价值，其根本目的是提升学生对健美操的实际技能的使用熟练度，这样方便学生在日后的推广和工作运用中得心应手，不会出现空有一肚子理论却无法实践的困境。高校教育要与实际相结合，如果教给学生的东西无法让他们在工作中使用，那么教育就失去了本来的意义。教师要充分地去社会上进行调研，了解高校所在地区的社会体育活动的开展情况，了解该地区对社会体育工作者的需求量。在了解了这些东西之后，大胆地改进自己陈旧的教学观念，让课程发展跟得上社会需求的变化，要学会从不同的角度看问题，而不是在象牙塔里曲高和寡。高校承担着理论研究的责任，但是体育教育，尤其是面向大众群体的健美操教学，理论和实践是相辅相成的，这两者是相互促进的，而不是彼此独立的。因此，大学的健美操教育要和社会的大众健美操运动一起进步，多进行社会活动实践，将理论转化为实践行动，对社会活动进行创新。

（二）鼓励学生积极参与大众健美操活动，提高其社会实践与自我完善的能力

学生在大学的课堂上学到了健美操的各种技巧、动作和套路，但是这只是单纯的练习和训练，并谈不上实际运用，虽然牢固的训练基础是必要的，但是实践却是真正掌握技术的唯一途径。大学生不能只在校园的练功室内挥洒汗水，还要走出去，到真正的大众健美操活动中去，去看看群众是怎么进行这项活动的，了解他们的活动开展情况，观察他们动作的技术性，考察他们对于这项活动的认识。了解了第一手的资料并亲自参与指挥，大学生才能认识自己所

学的东西可以怎么运用到实践中，在这个过程中他们会遇到很多问题，而解决这些实际问题的过程就是实践锻炼的过程。另外，大学枯燥的学习过程很容易让大学生产生厌学的心理，学生在了解了一线群众的活动热情之后，学习也会更加有动力。

（三）注重融入大众健美操运动，构建全新的健美操教学内容体系

实现普通高校健美操教学社会化发展的最为便捷的途径是将大众健美操运动融入高校健美操教学，通过有效的优化、整合与重组，使之成为高校健美操教学的重要内容，使得学生在校学习期间就能够充分接触与了解大众健美操运动的内涵与特征，以便于其在未来的社会健美操实践活动中，能够尽快适应和融入。这就要求普通高校健美操教学建立与大众健美操运动进行交流的平台，积极引入大众健美操运动的相关内容，并结合普通高校健美操教学的特征与实际需要，对引入内容进行有针对性的优化与整合，使之成为既具有普通高校健美操教学特征，又能够切实满足广大学生自我发展需求，还能够有效保持大众健美操运动精髓的全新内容体系，进而为全面提升普通高校健美操教学的实用价值提供必要的保障。

随着社会的发展，人们的物质需求在得到了一定程度的满足之后，人们也开始追求精神上的满足，而身体上的健康就是现在人们首要追求的目标。所以，越来越多的人们开始热衷于各项群体性的体育娱乐活动，既能够放松心情，也能起到锻炼身体的作用，其中最为广泛的就是健美操。高校体育专业的学生，将是社会体育活动的主要教导者和组织者，他们日后进入社会之后大多从事社会体育锻炼活动的指导和群体体育娱乐活动的组织工作。也就是说，体育专业的学生现在需要更为专业的体育技能和适合于社会体育活动的实践经验。

不能再像以前一样，从应试角度出发，大量地进行没有实践体验的体育训练和理论培训。高校体育教学要教会学生真正可以在社会岗位上使用的技能，教师要学会了解社会体育的发展与变化。高效健美操课程的开展，从一开始就是为了服务于社会，那么教学就不能脱离社会。以社会需求为根本出发点，以学以致用为根本思想，以实践与理论的相结合为教学目标，才能让体育生在毕业后真正成为合格的社会体育活动引导者，带领广大人民群众进行更专业、更科学、更广泛的全面健身活动。

第四节 高校健美操教学与素质教育

大力发展素质教育，全面提升大学生的综合素质水平，是新时代高等教育的重要工作。健美操作为大学生非常喜爱的一项体育运动，理应与素质教育挂钩，提升自身的教学价值。本节以健美操教学为例，首先揭示了健美操教学对大学生素质的提升作用，然后立足于高校健美操教学实际与大学生健美操学习实际，探讨了高校如何通过健美操教学开展大学生素质教育工作。

一、高校素质教育

高校素质教育，是一种以提高大学生诸方面素质为目标的教育。大学生是我国经济社会发展的重要储备力量，他们的健康成长直接关系到民族的振兴与国家的繁荣富强。这里的"健康成长"不仅指身体上的健康，而且还包括心理、道德等方面的健康。高校素质教育重视大学生的身体健康与心理健康教育，思想道德素质培养，能力培养与个性发展。当今社会，社会企业对大学生毕业生的要求尤其是综合素质方面的要求越来越高。为了培养出符合经济社会发展需求的合格人才，高校应当本着"一切为了学生，为了学生的一切，为了一切学生"的基本理念，努力践行高校素质教育的新要求。

二、健美操教学对大学生素质的提升作用

（一）高校健美操教学对大学生身体素质的提升作用

近年来，尽管我国众多高校从多方面开展了大学生体质健康促进工作，然而就目前来看，我国大学生体质健康状况依然不容乐观。关注大学生的身体素质发展，是高校坚持贯彻"健康第一"教学理念的基本要求。从生理学角度来看，身体素质是在先天遗传性和后天获得性的基础上表现出来的人体形态结构与生理机能的相对稳定的综合状况或特征。它主要包括身体形态、生理机能水平、运动能力水平、对外部环境和刺激的适应能力4个方面的内容。健美操教学对以上4个方面均有改善与提升作用。其中，在身体形态方面，健美操运动一系列的跳跃、转身、下蹲、伸展等动作能提高大学生身体多个部位的灵活性与协调性，不仅能改善肥胖、瘦弱大学生的身体形态，而且能提升大学生的气质。在生理机能水平方面，健美操运动能有效提高大学生血液循环系统、呼吸系统、神经系统等生理机能水平。在运动能力水平方面，健美操动作多样，经常练习能显著提高大学生的力量、速度、耐力、柔韧、平衡等能力水平。在外界环境和刺激的适应能力方面，不同季节（春、夏、秋、冬）中的健美操教学要求大学生适应不同的温度、湿度等，不同场合（室内、室外）下的健美操教学要求大学生适应不同的场地、灯光、音响、观众等。

（二）高校健美操教学对大学生心理素质的提升作用

心理素质包括智力因素与非智力因素。其中，智力因素包括感知觉、观察、记忆、注意等，非智力因素包括理想、信念、动机、需要、情感、意志、气质

等除智力因素以外的心理因素。心理素质是个人综合素质的重要内容，它对个人的发展与社会适应起着非常重要的作用。当前经济社会的发展要求大学生具备较强的心理素质。对于大学生而言，良好的心理素质有助于大学生潜能的开发，对他们的健康成长意义重大。健美操动作繁多，无论是基础动作，还是成套动作，都有固定的造型，大学生经常练习能提高他们的感知觉能力、观察力、记忆力与注意力。另外，健美操运动是一项集体运动，大学生在集体活动中，通过频繁的社交与合作，逐渐树立良好的学习动机、运动信念与运动理想。在长期的健美操技术训练中，大学生需要克服很多困难（如身体上的伤痛），从而形成了坚强的意志。除此之外，健美操是表现美的体育运动，它能给大学生带来形态美、姿态美与气质美的体验，能让大学生心情愉悦，从而排解心理上的各种压力，变得活泼开朗、充满自信。

（三）高校健美操教学对大学生道德素质的提升作用

道德素质是指个人经过后天的环境和教育的作用，而形成的道德认知、道德情感及道德行为，这 3 个要素相对独立又彼此联系。健美操教学对大学生道德素质的提升的主要表现有三：一是让大学生懂得并自觉规范根据健美操实践而制定的各种道德规范，如勤学苦练，顽强拼搏，胜不骄、败不馁，以及诚实守信、团结互助、光明正大等；二是让大学生热爱班级、热爱学校、热爱体育运动，增强他们的自豪感与荣誉感；三是提高大学生鉴赏美、表现美的能力，使他们在知、情、意、行等方面有更高层次的追求，从而树立正确的价值观、人生观与世界观。

（四）高校健美操教学对大学生文化素质的提升作用

文化素质重点是人文素质，包括文学、历史、哲学、艺术、人文社会科学、自然科学等方面的素质。提高大学生的文化素质，能提高大学生的文化品位、审美情趣、人文素养与科学素质。提高大学生的人文素质，是我国高等教育工作的重要目标。健美操教学，有利于使大学生通过健美操知识的学习、教学环境的熏陶、文化活动和表演（竞赛）实践的锻炼，以及体育精神的感染，升华人格，激发良好情感。健美操课堂教学是提高大学生文化素质的重要途径。在课堂教学中，健美操教师有必要通过专题讲座、案例解读、视频评论、课堂阅读等丰富多彩的文化活动，丰富学生的文化生活，提高他们的文化素质。

（五）高校健美操教学对大学生能力的提升作用

以创新能力为例，创新能力是指个人或集体在技术或各种实践活动中不断提供具有经济价值、社会价值、生态价值的新思想、新理论、新方法与新发明的能力。大学生具备丰富的知识储备，是最具创新能力的群体。高校培养大学生的创新能力，不仅能够显著增加大学生的就业机会，还能为社会提供更多的就业岗位。健美操运动编排方式多样、编排内容丰富。健美操教师可针对大学生不同的年龄、性别与运动水平编排出不同的动作。另外，在大学生练习过程中，健美操教师既可以对单个动作进行创新，也可以对成套动作进行创新，还可以对动作所配音乐进行创新。除此之外，健美操教师还可以对健美操的人数、时间、场地等进行创新。可以说，健美操教学过程本身就是一个激发大学生创新欲望的过程。大学生通过直接或间接地参与编排活动，不断提高自身的创新能力。

三、高校通过健美操教学开展大学生素质教育工作

（一）激发学生的学习积极性

激发学生的学习积极性，是通过健美操教学开展大学生素质教育工作的重要前提。近年来，与篮球、田径、游泳等体育项目相比，学习健美操课程的

大学生人数虽然显著增多，但是受健美操教材内容陈旧、教学方法与模式单一等影响，很多大学生学习健美操课程的积极性并不高。鉴于健美操教学对大学生素质教育的促进作用，高校应当通过各种有效途径激发他们的学习积极性。其主要方法如下：其一，优化健美操教材。教材不仅要涉及健美操专业知识，而且要涉及健美操运动价值知识、国内外健美操运动发展知识、社会企业对健美操人才的需求知识等。丰富的知识能够大大拓展大学生的视野，提高他们对健美操运动的理解与认知，激发他们的学习积极性。其二，采取多样的教学方法与教学模式。在传统的教学方法与模式基础上，健美操教师应当根据现代教育技术的发展与大学生的学习需求，创新教学方法与模式，如采用游戏教学、翻转课堂教学等。

（二）以学生发展为中心

以学生发展为中心，需要健美操教师在教学中不仅要关注运动知识和技能的传授，而且要关注学生的心理感受和情感体验；需要教师摒弃单纯的"要学生学"的倾向，将"要学生学"努力变为"学生要学"；需要教师改变"以教师为中心"的观念，将学生看作教学活动的主人；需要教师树立师生平等的意识，构建和谐的师生关系；需要教师在教学中充分考虑学生的身心发展规律、学习规律，对不同层次的学生制定不同的教学内容与方法；需要教师鼓励学生对自己的教学活动提出意见与建议；等等。在素质教育视野下，高校健美操教学以学生发展为中心的基本要求是：在教学健美操知识与技能的同时，注重学生身体素质、心理素质、道德素质等的提高与发展，实现健美操教学目标的拓展与升华。需要强调的是，以学生发展为中心的"学生"指全体学生，而非个别学生。这就要求健美操教师在教学中要有全局观，要面向所有学生，让所有的学生都能接受素质教育。

（三）加强健美操教师队伍建设

健美操教师是高校健美操教学活动的组织者与实践者，对大学生素质的提高与发展起主导作用。素质教育对健美操教学提出的要求，即素质教育对健美操教师提出的要求。若想通过健美操教学开展大学生素质教育，首先，健美操教师需要具备较高的事业心与责任心。其次，健美操教师要端正教学思想，从适应社会需要、培养综合素质全面发展的人才目标出发，紧紧围绕"大学生素质教育"更新教学观念、教学内容、教学方法与模式。最后，健美操教师要有渊博的素质教育知识与教学技能。从高校角度来看，应当定期组织健美操教师开展关于"健美操教学与大学生素质教育"的学习培训活动；应当定期对健美操教师的素质教育情况进行考评，对教育成果显著的健美操教师给予物质奖励或精神奖励，提高他们继续开展素质教育的积极性与主动性。

当前，社会企业对大学生综合素质的要求日益提高，如何在各课程教学中开展素质教育已经成为各课程教师共同关注的问题。健美操集音乐、舞蹈与体育于一体，是当代大学生非常喜爱的一项体育运动。为了培养出符合社会企业所需的合格人才，高校应首先高度肯定健美操教学对大学生素质提升的作用，然后更新教学理念、教学内容、教学方法与模式。

第五节 在高校健美操教学中渗透美学

健美操具有高度的开放性，在内容和形式上具有较快的更新速度，可以有效提升学生对美的追求和鉴赏能力，锻炼学生的身体素质和心理素质，从而为高校体育教学注入新的活力。本节首先分析了在高校健美操教学中渗透美学的作用，然后提出了几点实施路径，以期为高校健美操教学和体育教学提供一些参考。

随着素质教育的开展，各大高校纷纷开始改革教学模式，将培养学生的综合素质、发挥他们的主观能动性作为主要教学目标。高校健美操教学可以提升学生的审美能力，但实现这一目标的前提是教师能够正确认识美学的渗透，通过美学渗透增强课堂教学的感染力、吸引力，如此方能促进学生的全面发展。

一、在高校健美操教学中渗透美学的作用

（一）激发学生追求美的意识

高校健美操教学的主要任务是教导学生追求美，丰富学生对美的情感体验，这对学生的发展和成长具有重要意义。美学教育与文化教育不同，前者侧重对学生情感的开发，运用寓教于乐的方式净化学生的心灵，提升其道德品质，实现心灵与美的有效融合。学生若想感受健美操蕴含的美，就需要产生知觉联想，由抽象思维向知觉思维转化，进而产生新认知，在探索未知的过程中发现美。高校健美操教学将感性认知与理性认知结合在一起，使学生深刻感受健美操运动的美。

（二）促进学生的全面发展

高校教育工作要求体育教学与美学充分结合，这也是培养综合型人才的必然要求。换言之，在健美操教学中渗透美学，教师需要从心灵美的角度出发，采取个性化培养策略，从多方面、多层次、多角度提升学生的素质，促进学生全面发展。美学的有效渗透，能够提高学生的感性认知，从而培养心灵美；还能锻炼学生的意志和品质，从而培养品格美。在健美操教学中有效渗透美学，可以改善学生的精神面貌，帮助学生塑造自身形态，形成良好的修养气质，推动学生的全面、健康发展。

二、在高校健美操教学中渗透美学的路径

（一）教师素养方面

教师不仅要起到传授技能知识的作用，还要灵活运用多元化的教学方式培养学生的综合能力，帮助学生树立正确的价值观。因此，在高校健美操教学中，教师应该采取有效策略将美学渗透在教学过程中，在不知不觉中提升学生的审美能力。另外，教师可以借助辅助性教学工具开展教学活动，如多媒体技术设备、网络平台等科学技术资源，在学生的主观意识中渗透美学，促使学生能够快速、准确地了解并掌握健美操的知识和技能，为培养学生创造美的能力奠定基础。在健美操教学过程中，教师需要不断提高自身的素质，紧跟时代发展步伐，顺应社会发展需求，为在健美操教学中渗透美学提供基本保障，进而提升教学质量。例如，教师可以积极参加高校组织的培训活动，也可以利用网络技术进行学习，不断丰富自己的健美操专业知识和对美学的体验，并将自己的所学通过网络平台传递给学生，促进师生之间的互动交流，促使学生积极、主动地参与学习。

（二）教学内容方面

随着社会经济文明的发展，高校教育中教师需要更新教育观念，并结合自身的实践教学经验，对健美操教学内容进行创新优化，重新审视健美操教学的意义和作用，在教学过程中巧妙地渗透美学，充分发挥学生的主观能动性，培养学生的审美能力。教师需要将健美操的美展示给学生，用美来刺激学生的学习欲望，使学生感受美的净化和熏陶，逐步将美学渗透给学生。高校领导需要重视健美操教学工作，竭尽所能地为教师提供优质且丰富的教学资源，让教师充分利用教学资源在健美操教学中渗透美学，培养学生的审美能力。例如，教师在健美操教学中凸显音乐之美，丰富学生的审美体验，进而调动学生的积极

性，促使其积极参与到教学活动中，进而提高学生对健美操运动中美的理解与认识。

（三）教学模式方面

如果想将美学更好地渗透在健美操教学中，就需要教师对教学模式进行创新，将美学特征融入其中，采用科学、合理的方式开展教学活动，充分发挥美学在健美操教学中的价值功能，不仅要提升学生的审美水平，还要提升学生创造美的能力。在健美操教学中，教师需要适当地指导学生的健美操表演动作，或者通过竞赛的方式提升学生判断美、创造美的能力，这有助于培养学生的团结协作意识，促使学生之间进行交流与互动，进而提升学生的综合素质。在高校健美操教学中，教师需要优化教学方式，端正教学态度，将美学渗透视为教学工作的重点。教师可以结合创造美的要素，来提升美学的渗透水平，促进师生之间的情感交流，使学生在交流中提升发现美、创造美的能力。

总之，在高校健美操教学中渗透美学，不仅能够提升学生的审美能力，还有助于激发学生学习健美操的兴趣，提高他们的参与度。高校教师应该不断完善教学模式，让学生感受美学的重要意义，进而发挥他们的主观能动性，为学生的全面发展奠定基础。

第六节 高校健美操教学的有效设计

本节采用文献资料法等，对高校健美操教学的有效设计展开研究。研究认为：通过制定健美操课堂统一教学目标，实施健美操社团兴趣教学，开展研发性健美操教学，以常态健身形式带动健美操教学，能有效提高大学生学习健美操的热情与参与健美操运动的积极性，让健美操运动以百花齐放的形式在高校校园中大放异彩。

　　健美操融音乐、舞蹈与体育为一体，是一种极为高雅的体育运动项目，备受高校大学生的青睐。高校通过实施健美操教学，不仅能让大学生塑造良好的形体，还能有效提升大学生的个人素质与审美能力，能为大学生以后走向社会打下良好的、优质的内外形象基础。根据当前大学生的个人需要以及其未来的职业发展需要，高校健美操教学可以在其多元化、人文化目标的基础上，在现有健美操教学体制框架内，设计和运用适当的健美操教学创新机制，并利用各种激励形式，有效提高大学生的健美操技能，取得较好的健美操教学效果。

一、制定健美操课堂统一教学目标

　　结合当前高校大学生对健美操运动的实际需求，以及高校体育教育、教学的实施情况，在对高校健美操教学进行有效设计时，可以采取课堂统一的教学目标。其操作性较好的有效实施形式有三种：一是高校健美操必修课教学的有效实施。对于体育专业、舞蹈专业、表演艺术专业以及其他类的、对学生的外在形象要求较为严格的专业，把健美操开设为学这些专业的学生的必修课，这对学生的体能训练、健康保持和提升以及身体机能优化，具有积极作用。二是健美操选修课教学的有效实施。把健美操作为选修课来普遍开设，能让大学生在众多的体育选修课中，可以根据自己对健美操运动的爱好以及结合自己的未来职业发展方向，自由选择与学习健美操运动。三是制定严格的健美操教学考核机制。对于健美操教学的有效实施来说，其要想以秩序井然的形式来开展，就需要有科学、严格以及精准的考核机制，这样才能有效地检验出教师的健美操教学水平以及学生学习健美操的效果。在对大学生健美操的学业成绩做出及时评定的同时，还要对教师的健美操教学能力、健美操教学效果做出等级判定，以让健美操教师能及时对健美操的教学教法、教学内容进行有机的整合，有效激励其对健美操教学进行不断创新。

二、实施健美操社团兴趣教学

高校社团在有效促进大学生社会化发展方面，发挥着不可或缺的重要作用。因此，创建可以有效支持健美操运动类型的社团，是助力和引导大学生开展健美操学习和创新的最佳有效载体形式之一。在其具体实施过程中，从当前高校健美操教学的视角出发，社团兴趣教学建设的有效实施模式可以分为三种：一是教师主导型社团教学。即在高校相关部门、科室或院系教师的主导性参与下，创建健美操社团，其主要任务就是利用社团的核心辐射影响，开展健美操教学活动，影响更多的师生参与健美操活动。在健美操社团开展教学活动的教师，既可以是社团的创办者、健美操爱好者、健美操创编者，也可以是体育院系、舞蹈院系等院系的专业教师。二是学生自主型社团教学。大学生可以按照志趣相投的标准，怀着对健美操的共同爱好，志愿组建具有凝聚力与共同兴趣的健美操社团。在这种健美操社团中，一般是健美操的擅长者开展健美操的教学组织和实施工作。三是随意性社团兴趣教学。在这种社团中可以在特定的活动时间段内，让教学者与学习者通过多样化的教学方式来实施教学与学习。比如，教学者可以教新的内容，也可以不教；对于学习者和其他的兴趣者，可以去参加活动，也可以不去参加活动；在活动过程中，可以学习新的，也可以练习旧的。虽然，这种随意性的社团兴趣教学形式，缺乏稳定性和持续性，但是却能对大学生的学习起到十分有效的引领作用，能让大学生在社团教学氛围的影响下形成良好的学习意识，同时对大学生的日常运动也能形成积极的刺激作用。

三、开展研发性健美操教学

从研究和创编新健美操的视角出发，把健美操的研发与教学有机地统一起来，是健美操教师对健美操教学的创新。根据当前健美操运动在高校中的大好发展形势，其可操作的有效方式有两种：一是培养健美操研发人才的教学。这种教学形式以培养健美操研发人才为教学目标，主要教育大学生如何根据不同性别、不同体质、不同体重、不同身高与不同身材比例等条件，创编既能扬长避短，又能取长补短的健美操，以满足大学生对健美操运动的健身、健美与运动娱乐等方面的需求。二是把大学生作为健美操实验主体的研发教学。即把健美操的基本技术、技能教学与健美操节目的创编结合起来，教学完成的过程也是节目创新完成的过程。大学生学习和掌握健美操节目的数量，取决于研发的速度和大学生自身的接受能力。这两种教学研发方式在相比之下，前者可培养健美操的创编人才，这些人可以在未来的职业发展和个人发展过程中，作为健美操研发和推广的中坚力量，这样既能发挥其个人的健美操创编才华，也能培养更多的健美操爱好者与擅长者；后者则是直接在创编的过程中，教学某个新的健美操节目及其相关的技能，对于那些有悟性的大学生，既可以习得相关健美操节目和技能，也能悟得健美操创编的技术和规律。

四、以常态健身形式带动健美操教学

高校作为一个有着作息制度和教育教学规律的教育机构，可以在现有作息机制允许的范围内，鼓励大学生开展健美操运动，以为大学生的日常活动和表●创设一个充满激情、魅力的时空，让大学生能在众多的健身项目中做出自己的选择。这种教学的实现方式可以分为两种：一是利用健美操社团进行熏陶的教学形式。利用学校的舞蹈房、健身房以及其他的专职体育活动的室内空间或某个开放性的区块等，为健美操活动提供专职空间，让大学生运用下午课外活动时间、周末的时间，以及晨练的某个时段进行健美操活动，积极地影响和带动更多的人学习和参与健美操运动。二是利用日常健身和娱乐性活动进行潜移默化影响的教学形式。教师、健美操爱好者、健美操擅长者等，在日常的健美操活动中，可利用自身健美的身材、动感激情的音乐，吸引和感召更多的大学生积极地参与进来，培养进行健美操运动的兴趣并学习和掌握更多的健美操技术和技能。

健美操是一项备受大学生喜爱，十分具有时尚性的运动项目。在高校健美操教学的有效设计中，教师要通过各种教学方式与氛围熏陶，让大学生在不知不觉中学习健美操运动技能。这样才能让越来越多的大学生喜欢上健美操运动，并在校园内形成健美操运动团体。

第三章 高校健美操教学的理念改革

第一节 多媒体技术与高校健美操教学

现阶段，我国教育事业的发展已经进入一个新的阶段，对于高校而言，其教育理念也发生了很大的变化，高校健美操的重要性正在逐渐得到落实，很多高校在开展体育教学活动的时候，往往将健美操教学摆在重要的位置。此外，我国信息技术的发展速度也在不断加快，对于多个传统行业的发展都起到了促进作用。多媒体技术是计算机信息技术的重要体现之一，其应用范围也变得越来越广，受到了人们的广泛欢迎。在这样的时代背景之下，多媒体技术在高校健美操教学中应用的重要性也得到了尤为显著的体现，并且受到了教师以及学生的欢迎。

毫无疑问，21 世纪是信息技术崛起的时代，信息技术以各种各样的形式走进了人们的日常生活、工作以及学习当中，并且在人群中产生了较为广泛的影响。多媒体技术在我国教育教学活动中的应用已经有很长一段时间了，并且取得了较为理想的效果，对我国教育事业的整体发展起到了很大的推动作用。将多媒体技术在高校健美操教学中进行应用可以有效提升学生学习健美操的兴趣，同时也使得教学理论课程的开展更加方便。健美操在我国有广泛的社会影响力，其影响人群从青少年一直到中老年人。将多媒体技术与健美操教学进行结合是非常不错的选择，它有助于保证学生的学习热情。本节将以此为主线，对其进行深入的探索以及分析。

一、多媒体技术在高校健美操教学中应用的特性

（一）动态性

多媒体技术诞生于科技高度发达的 21 世纪，同时也是信息技术功能性的一种很重要体现。作为新时期的重要教学方式，多媒体技术的应用范围也在逐渐扩大，无论是小学、中学还是高校都开始全面应用这种教学形式，同时各个课程对于此种教学形式的应用力度也在不断加大。对于多媒体技术而言，教师在课堂上对其进行应用的时候，主要体现出了此种教学技术自身的动态性，多媒体技术应用之后，使得课堂教学所涉及内容的丰富性得到了有效提升，同时也在一定程度上提升了学生的自主创新能力，这对学生其他科目的学习也是有很大促进作用的。应用多媒体技术开展课堂教学可以使课堂教学的内容得到更加及时的、动态化的反馈。教师在开展健美操教学过程中，应该注意对知识进行统一、归纳，从而使健美操教学的理论、知识形态变得更加具体，同时也使得教学活动开展得更加顺利。对于高校的学生而言，正处在好说、好动的年纪，因此教师在教学过程中也应该对学生这一心理状态有较为充分的了解，从而开展有针对性的教学，在对教学模式进行选择的时候，应该考虑到课堂教学结构设计的科学性，这是非常重要的，应用多媒体技术开展课堂教学，可以使得教学活动具有较高的动态性，同时也使得课堂教学的整体灵活程度得到了有效的提升。

（二）集成性

教师在应用多媒体技术对学生进行健美操教学的时候，可以对有关教学

信息进行高度量化统一，从而使得教学活动的开展更加具有系统性，这样也使得学生的学习热情更加高涨，对于相关理论知识的理解更加透彻。教师在借助多媒体技术以及信息技术开展教学活动的时候，应该将培养学生学习健美操的兴趣作为教学活动开展的基础，这是非常关键的，只有学生对学习健美操产生了较为浓厚的兴趣，才能增强自主学习意识。同时，应用多媒体技术教学也使得课堂教学活动的开展更加通俗易懂，使得健美操教学质量得到提升。

二、多媒体教学技术在高校健美操教学中应用的策略

随着我国高校健美操教学的全面普及，人们开始逐渐意识到健美操教学的重要性，开始对健美操教学的课程结构以及教学理念进行设计研究，从而使课堂教学的内容得到了不断的丰富。多媒体技术的应用就是很好的一个例子，将多媒体技术应用到高校教学中之后，往往不能是一蹴而就地开展课堂教学活动，这样很难达到理想的应用效果，要通过一段时间的完善以及落实，才能够保证多媒体技术的整体应用质量。

（一）对传统的健美操课堂教学观念进行转变

多媒体技术在我国高校健美操教学中进行全面应用的时间并不长，在应用模式以及应用结构方面尚且还存在一定的弊端，这就需要学校领导给予充分的重视，对教育教学的模式进行积极改善，要通过相关标准的制定来对传统的健美操课堂教学模式进行一定的转变。多媒体技术的应用对于健美操课堂教学来说是一次重要的创新，使其教学模式以及教学结构发生了很大的改变。首先，高校应该对体育教师自身的教育教学意识进行转变，有很大一部分体育教师的教育理念往往较为保守，教育观念相对老旧。教师方面应该自觉增强自身的教育创新意识，全面贯彻教育教学理念，通过多媒体技术的应用来提升学

生课堂学习的兴趣,这样一来,也可以有效培养学生的自主创新能力。例如,教师在讲课的过程中,可以应用多媒体技术播放一些健美操的比赛视频,让学生欣赏,这样可以使学生对健美操的多样性以及美观性有更加深刻的认知。

(二)多媒体技术要与传统的教学理念进行融合应用

对媒体技术的应用势必会使高校健美操教学的新颖程度得到有效提升,但是在加大对多媒体技术的应用力度的同时,也应该对传统的教育教学模式进行深入落实,并且在传统的教学理念中吸收教学经验,将多媒体技术与传统教学理念进行融合是不错的选择,同时也会提升学生对课程的接受程度。从某一个层面而言,多媒体技术的应用并不是为了完全取代传统的教育教学模式,而是为了使课堂教学的模式变得更加多元化以及丰富化,只有将二者进行合理的融合,才能够保证健美操教学的整体质量。

(三)提升对教学软件的开发以及引进力度

想要使多媒体技术在高校健美操教学中发挥出更加理想的作用,就应该对其教育教学的理念进行全面落实,但这些都是建立在教学软件的科学性以及合理性基础之上的。在高校健美操教学的过程中,多媒体技术的应用应该是依靠这种软件进行相互配合,从而使课堂教学的整体质量得到保证。首先,高校应该设立软件开发及硬件设施建设专项资金,以支持软件开发及硬件设施建设工作,以此促进高校软件开发及硬件设施建设工作,进而提升多媒体教学的整体质量。其次,高校还应该着重开发统一的管理软件,这种软件的开发会使健美操教学的开展更加顺利,同时也使得课程结构设计以及课程管理更加方便,在提升教育教学质量的同时,也更加方便师生进行在线交流,从而使教育活动开展的共享性以及资源集中分配性得到了有效体现。

综上所述,现阶段我国高校健美操的教学重要性逐渐得到了突显,并且健美操也受到了广大教师及学生的欢迎。将多媒体技术与健美操教学进行融合，可以有效提升学生学习的兴趣，同时也使得教师的课堂管理更加方便，在对课堂教学内容进行丰富的同时，也使得学生的学习热情得到了很大的提升，这对我国高校健美操教育事业的整体发展会起到很大的促进作用。

第二节 排舞元素与高校健美操教学

高校的健美操课程，是高校体育课程的重要组成部分，深受广大学生的喜欢。目前，各高校开展健美操教学，基本上采取的是传统的健美操教学方式，其教学内容缺少新颖度，这种教学方式教学效果很差，不仅影响学生学习健美操的积极性，也影响各高校健美操课程教学的开展。为此，本节拟探讨高校健美操课程中融入排舞教学的可行性，为其他高校开展体育课程创新模式提供参考。

进入 21 世纪，随着我国高校不断扩招，体育教学在高校的地位已然提升，体育教学的工作也占据了十分重要的位置，而且随着体育教学的不断改革，高校健美操课程也有了新发展，由单一模式逐渐向多元化模式转变，将排舞等更多的体育元素融入健美操教学中，以满足大学生的个性化发展，促进高校体育教学工作的飞速发展。

一、改善高校健美教学的措施

（一）健美操教学模式要创新

随着时代的变化，高校大学生对健美操的要求也就越来越高，高校大学生要求把时尚性、国际性、广泛性、创造性很好地结合在一起，这样不仅仅能展现高校大学生的个性，还能把各种各样的舞步与音乐很好地结合在一起。这不仅能丰富健美操教学课程，还能促进和谐高校的建造，培养大学生的综合素质。健美操的教学模式要有创新性，不要选择传统的教学模式，要增加新颖的教学模式，这样才能改善健美操教学模式的陈旧性，对健美操教学进行创新和改造，让高校大学生喜欢上健美操教学。举一个案例：某高校的大学生在学习健美操课程的时候，把网络上的流行舞蹈融入健美操课程，丰富了健美操的内容。因此，体育教师与学生进行研讨、商议，让学习健美操的学生，每个人都说出自己对网络上流行舞蹈的意见和看法，之后教师综合学生的想法，对网上流行的舞蹈进行创新，不仅能起到锻炼学生身体的作用，还能激发学生运用自己的灵感对健美操进行创新、改编。

（二）改变健美操教学内容的滞后性

高校为了建设中国特色社会主义和实现中华民族的伟大复兴，深化教育改革，全面推行素质教育。在这种背景下，应当拓展健美操教学内容，用创新的教学内容吸引高校大学生学习健美操。将排舞元素融入高校健美操教学中，是体育教学内容的创新。健美操作为高校体育教学中十分重要的组成部分，是很有活力的，它还能展现高校大学生的个人魅力，因此，将排舞元素融入高校健美操教学中既能满足学生个性化发展的需要，也能提升学习健美操的积极性。这样才能改善健美操教学内容的滞后性。

二、高校排舞元素流行的重要原因

（一）高校排舞元素流行的性质

健身性：排舞的学习者可以依据自身的状况，跟着优美的旋律、轻松欢快的音乐做健美操舞，可使身体的各个关节相互协调，幅度适宜地自由发挥。通过一段时间的排舞练习，可增强学生身体的柔韧性和关节的灵活性，有助于增强动作的节奏感。

广泛性：排舞一般受外界环境的影响，只要在平整的地面上有块练习场地就可以进行排舞。边走路也能边跳舞，这种风格适合各层次的学生学习，是一种个人也能练习，团队也能练习的舞蹈，能起到锻炼身体的作用。

创新性：排舞不仅要按照网上的教程组织教学，而且还要根据学生的喜好对网上的教程进行创新、改编，这样才能让学生有新鲜感。

时尚性：随着全球化的深入，已经不能仅按照传统的教学内容进行排舞了，要结合国际舞蹈的时尚性，使舞蹈和流行音乐元素相互结合在一起，排出新的舞蹈风格，这样不仅丰富了大学生的体育活动内容，而且还提高了大学生的兴趣。

国际化：排舞作为国际性健美操，包含内容很广，风格各异。它不仅具备拉丁舞的热情，还有交际舞的优雅。将艺术和舞蹈完美地结合在一起，用好听的流行音乐，排成有节奏的舞步，这样不仅丰富了排舞的种类，而且还受到各个国家人民的喜欢。

（二）排舞元素融入健美操课程的教学方法

排舞主要以体育健身为主，以流行舞蹈为基本要素，不仅具有时尚性，还具有欣赏性和锻炼性。同一首音乐的背景下可以根据自身的特点对动作进行很好的解释，符合高校大学生张扬的个性，深受大学生喜欢。当前的健美操教学也紧跟时代的脚步，融入了排舞元素，吸引了学生的关注，激发了学生的兴趣。排舞元素融入健美操课程的教学方法包括：①导入法。健美操教学对每个动作都有极其严格的要求，动作必须到位，要求学生必须熟练掌握各个动作。从平静状态到运动状态需要一个过渡过程，一方面可让学生更好地练习，避免突然进行剧烈运动损害身体；另一方面，在简单的动作练习中，学生慢慢进入状态，增强自信心，进而提高学习的动力。②渗入法。高校健美操教学的时间一般都是在 60~70 分钟，教学时间很长，健美操运动以身体的力量为主，长时间的训练会造成疲劳感，从而让高校大学生对教学内容产生反感，学习进度缓慢。这些问题如果不改善，那么就会影响健美操教学的效果。教师要知道学生在学习健美操时遇到的问题，要劳逸结合，有效调整学生的情绪，让学生有休息的时间，从而使健美操教学达到更好的效果。③后续法。健美操是以动作为基本单位，它能表现出力量、弹跳力、活力等综合素养，不管是短时间的跳跃，还是一瞬间的动作，都要消耗大量的体力，肌肉很容易出现疲劳的状态。为了有效地解决高校大学生训练后出现的疲劳问题，教师要在课间休息时候放一段舒缓的音乐或让高校大学生平躺，从而改善身体和精神上的问题，这样做对高校大学生进行健美操训练有着积极的作用。

三、排舞元素融入高校健美操教学的成果

将排舞元素融入高校健美操教学，可以改变高校大学生对高校健美操的印象，可以调动高校大学生的学习热情。排舞元素还加入了欧洲宫廷和拉丁舞蹈等现代舞步，形式各式各样，内容丰富多彩，是新时代的产物，有利于高校大学生身心健康发展，丰富了高校体育课程的内容，吸引着广大学生踊跃参加，是实现快乐体育教学的最佳途径，符合高校体育教育改革的需求。传统的健美操大多运用单一的、简单的鼓点音乐，排舞元素中的音乐根据舞步的不同，有民族音乐和西洋音乐两种形式，音乐类型丰富多彩，可以改善健美操音乐单一的问题，更符合当代大学生求新的心理特点。在排舞教学中，可以给予高校大学生空间，让其自由发挥，提高其创新能力。将排舞元素融入健美操教学中，

是高校大学生个性拓展的需求。排舞可以让高校大学生相互团结、相互沟通，可培养高校大学生的社会适应能力。

总的来说，随着我国高校体育事业的飞速发展，高校健美操作为体育教学的重要内容，传统教学模式单一，已经不能满足学生的个性化需求了。因此，在教学过程中，要融入具有健身性、时尚性、国际性、广泛性、创造性等特点的排舞元素。排舞元素让教学内容多元化、音乐风格多样化，符合高校大学生的个性发展，同时为培养学生的社会适应能力提供了保障。

第三节 探究式教学与高校健美操教学

在开展高校体育教学时，要清楚认识到健美操教学对学生的影响与意义。作为高校健美操教师，想要提升教学质量，不仅要帮助学生掌握好动作要领，同时也要鼓励学生进行思考与创新，并运用好探究式教学方法促进学生学习。基于此，本节对在高校健美操教学中运用探究式教学方法进行了简要阐述，并提出了几点个人看法，仅供参考。

高校健美操包含了体操、舞蹈与音乐等多种因素，作为一种体育项目，不仅可以强身健体，同时可以提升学生的美学素养与身体素质。为了提升高校健美操教学的有效性，教师要运用好探究式教学方法，加强与学生的互动，从而增强学生的学习效果。

一、高校健美操教学中探究式教学的优势

（一）突出学生的主体性

随着教育改革的不断发展，对传统教学进行了创新，在一定程度上也促进

了高校健美操教学的发展。通过对比可以看出，在探究式教学中教师的角色发生了变化，从课堂中的主导者转变为了引导者。因此，教师不仅要向学生传授技巧，同时还要保证自身具备现代化的教学观念，清楚认识到学生所存在的差异性，通过采取科学的教学方法，促进学生的全面发展。学生成为教学中的主体，从被动学习转变为主动学习。

（二）满足全体学生的需求

通过实践可以看出，探究式可满足全体学生的学习需求。在传统的教学中，学生运用不同的模仿方法学习体育知识与技能，这样也就使得教师占据了中心地位，难以满足全体学生的学习要求。探究式的课堂教学模式，能够突出学生的主体性，为学生提供不同深度的探究内容，从而满足不同层次学生的学习需求，为学生的终身学习和发展奠定基础。

（三）关注学生的学习过程

通过对比可以看出，探究式教学关注对学生学习过程的评价。随着教育改革的不断深入，体育教学评价也在向着多元化的方向发展。客观地对学生进行评价，不仅可以提高学生学习的主动性，同时也可以提高学生的学习兴趣。在教学中，教师要清楚地认识到学生的多样性特点，在尊重学生个体差异性的基础上活跃课堂教学氛围，促使学生主动进行知识探究。

二、开展高校健美操教学的措施

（一）保证教学情境的合理性，鼓励学生主动对问题进行探究

只有产生出疑问才能进行探究。所以在教学中，为了引导学生对提出的问题进行探究，教师要给学生创设出教学情境。同时，还要从教学目标与内容上入手，激发学生的学习兴趣与好奇心，通过与学生之间进行有效的沟通，掌握

好学生的学习情况，为学生的学习提供指导方向。通过实践可以看出，创设问题情境能够帮助学生集中注意力，营造浓厚的学习氛围。只有让学生积极参与到学习活动中，才能做好学生的教育指导工作，才能不断提升学生的心理素质。因此，教师要为学生创设情境上，给学生提供展示自我的舞台，从而让学生主动参与到学习活动中，养成终身参与体育锻炼的意识。

（二）做好资料与信息上的融合工作

在开展探究式教学的过程中，要从健美操的教学特点入手，关注学生的学习体验，确保教学情境的多样化，这样才能满足学生的学习需求，提升学生进行主动探究的欲望，促使学生能够自发地从不同渠道上对资料与信息进行整合。从信息的获取上来说，要帮助学生掌握好体育原理，加深对已有知识的了解，从而满足学生全面发展的需求。在教学中，教师要从学生在学习中遇到的问题入手，通过积极引导，并向学生提供资料信息，来满足学生的探究学习需求，帮助学生掌握好知识与重点，调动学生学习的积极性。

（三）做好实验探究

在既定事实基础上对探究问题提出可能的答案与结论。在开展探究教学中要做好探索工作，从不同层次与水平上入手，鼓励学生进行自主探究，引导学生提出假设，在实际探究基础上验证自己的猜想。但是也应当要认识到，在实践探究中很容易出现失败，所以在学生失败时，教师要及时鼓励学生，帮助学生树立信心，从而提升学生的学习主动性。此外，还可以从提问与要求上入手，培养学生的创新思维，挖掘学生的潜力，以此来确保学生能够灵活地运用好自己所学习的知识。

（四）进行归纳与整合

在探究中，可以让学生对已经收集到的资料进行研究，或是通过实验观察等方法来找出问题的规律，得到相应的结论，在组织好自己语言的基础上来借助专业术语等进行总结。这种教学方法能够提升学生对知识的整合能力，同时也可以促使学生对探究方法进行反思，帮助学生实现知识的迁移，从而提升学生应用知识的能力。

综上所述，在高校健美操教学中运用探究式教学方法有着一定的促进意义，可以培养学生的个性与兴趣。在教学中，教师要从培养学生的实践能力入手，帮助学生将所学习到的知识运用到实际中。

第四节 翻转课堂与高校健美操教学

健美操主要以身体练习作为基本手段，并伴有富有节奏感的音乐，培养学生掌握正确的体态，塑造良好的形体。本节分析了当前流行的翻转课堂教学模式运用在健美操中的策略，并且阐述了该教学模式的注意事项，从而更好地提升学生的综合素质。

在高校体育教学中引入健美操这项运动，帮助学生更好地掌握健美操的动作，能够提升学生身体的协调性以及灵活性。除此之外，健美操还可以有效培养学生的思维能力。在传统的教学方式下，许多学生对健美操学习的兴趣逐渐减弱，面对这一情况，高校健美操教学可以引入翻转课堂教学模式，提高学生对健美操学习的积极性。

一、分析翻转课堂含义

翻转课堂是通过翻译"Inverted Classroom"或者"Flipped Classroom"而得到的，此教学模式主要是教师调整教学的课堂内外时间分配，使得学生在学习中发挥其主人翁的作用。在这一教学模式下，学生可以通过相关的学习资料进行提前学习，同时还可以共同研究健美操学习中所遇到的问题，这可以提高学生对健美操学习的积极性。而在课堂中，教师不再花费大量的时间讲授基本动作，而是主要针对学生在学习中遇到的问题进行综合分析。在课后学习中，学生主要通过学习视频、阅读电子书以及听播客等方式进行自主学习，这便于学生根据自己掌握知识的实际情况进行学习，有效满足了学生的个性化学习需求。在传统教学模式中，首先是教师讲授健美操的理论知识，然后通过示范教学的方式帮助学生内化理论知识，最后让学生进行实践尝试；然而"翻转课堂"则改变这一教学过程，即学生通过相关的学习资料进行提前学习，教师在课堂中主要指导学生所存在的不足。由此可知，在翻转课堂教学模式中，学生可以最大限度地发挥自己的主观能动性。

二、分析翻转课堂应用在健美操教学中的策略

通过上述分析可知，翻转课堂教学模式具有十分显著的效果，一方面可以有效弥补传统健美操教学中所存在的不足，另一方面还可以促进学生更好地理解以及掌握健美操知识。教师在健美操教学过程中可采用的"翻转课堂"教学策略主要有：

（一）设计好课前学习资料

在翻转课堂教学模式中，要求教师安排好课前学习计划，同时设计好课前学习的资料，以便于学生及时掌握健美操学习的技术要点。首先，教师应根据健美操的教学情况设计好教学视频资料，同时保证视频学习资料能够和教学目标相一致，以便于学生能够在自主学习中按照教师的要求掌握健美操的基本知识；其次，教师在设计课前学习资料时还需要重视视频资料的丰富性，如

根据健美操的要求插入一些动画动作分解、辅助声音解释以及图片等，提升学生在自主学习中的有效性；最后，教师需要控制好视频学习资料的时间，通常情况下，时间需要控制在十分钟内，能够将健美操中的重点知识讲解清楚即可，不需要在视频资料中做到面面俱到。

（二）积极组织课堂学习活动

在翻转课堂中，教师组织课堂教学活动需要重点掌握学生的学习情况，从而可以更好地主导教学活动。第一，在健美操的教学过程中，教师在课堂中主要发挥的是指导作用。在学习活动中，教师可以让学生展示自己在自主学习阶段的成果，然后观察学生的情况，纠正其所存在的问题，从而帮助学生掌握准确的健美操动作，提升教学效率。第二，积极设计学习活动，有效促进学生掌握健美操知识。由于健美操学习中包含着音乐、节奏以及力量的内容，因此教师运用翻转课堂教学模式进行教学时，需要有效设计教学活动，如指导学生如何锻炼力量，更好地展示出身体所具有的美观性。第三，对学生的学习成果进行综合展示以及评价。由于健美操需要学生最终以良好的方式展示出来，不仅动作要标准，而且还需要具有美感，这也是教师进行评价所需要重点关注的方面。因此，在综合评价方面，教师需要结合学生的表演情况做出评价，从而使得学生可以掌握标准的健美操动作。

三、分析翻转课堂在健美操教学中的注意事项

在高校健美操教学过程中采用翻转课堂教学模式时，需要注意以下几点：第一，有效促进学生在自主学习中发挥自己的作用。例如，学生可以在课前完成教师所提供的学习视频资料，同时可以通过小组合作学习等方式不断克服学习中遇到的困难，这样可以便于教师在课堂中更好地指导学生掌握标准的

动作，并且还能够节约学习和指导时间。第二，在课后复习中，学生还可以通过教师所提供的视频资料进行反复练习，此时学生就可以按照自己的节奏进行学习。例如，遇到自己能够掌握的动作则可以快进，而在自己难以掌握的动作处，就可以通过慢放以及暂停等方式进行反复学习，这样就可以不断提升学生对健美操动作学习的积极性，并且也可以使其动作标准化。第三，翻转课堂教学模式可使学生发挥主观能动性，要求学生能够自觉学习，因此在健美操学习评价方面，教师不能单纯关注学生某一方面的表现情况，而应从综合角度进行分析，从而不断提升学生学习健美操动作的积极性。这和传统教学模式中的评价方式有较大的差异性。首先，学生参与健美操学习的积极性得到较大的提升，此时教师可以适当划分学生的成绩等级；其次，教师还需要关注学生克服学习中所遇到的困难的情况，如是否能够利用一切有利因素自主解决问题；最后，教师需要做到以学生为中心，在学习活动设计方面满足学生的个性化学习需求。综上，翻转课堂和传统的教学模式相比较，教师需要最大限度地调动学生对知识学习的积极性。

在高校的健美操教学中采用翻转课堂教学模式，可推动学生在课前做好预习工作，同时寻找出学习中的难点，便于教师在课堂中集中为学生解答。这就使得健美操教学工作可以发挥学生的主观能动性，不断提升学生掌握健美操动作的能力。此教学模式和传统的教学模式相比，具有较好的教学效果，因此翻转课堂可以在健美操的教学中广泛运用。

第五节 自主学习与高校健美操教学

健美操运动具有强身健体、塑形的功能，并且集体操、舞蹈、音乐、健身、娱乐多种元素于一体，是一项深受广大群众喜爱的、普及性极强的体育运动项目，因此很多高校开设了相关课程。高校对学生进行健美操教学时，对自主学习的方法进行了应用，充分发挥了学生自身的主观能动性，并且师生之间形成了良好的关系，为健美操教学工作实效性的提升奠定了坚实基础。

健美操教学对学生审美情趣的培养、情操的陶冶、终身体育意识的形成和身体素质的提升等具有重要作用，因此高校需要对健美操教学工作多一些重视，应对自主学习等方法进行应用，引导学生积极参与健美操教学活动，充分发挥学生自身的主体作用，进而提升健美操教学工作的质量及效率。下面对高校健美操教学中自主学习的应用进行具体分析，以供参考。

一、高校健美操教学过程中自主学习应用的阻碍

（一）课程安排方面存在问题

部分高校的非体育专业中，健美操课时安排较少，在有限的健美操教学时间内完成既定的教学任务便已经很困难，更别提自主学习了。此外，健美操课程安排方面存在一定的问题，教师的授课形式较为单一，对学生学习健美操的兴趣、参与的积极性等产生一定影响，部分学生想借助自主学习的方式进行学习时，也存在诸多困难，长此以往学生对健美操认识方面会出现偏差，从而影响健美操教学的工作质量及效率，并且对自主学习的应用产生阻碍。

（二）传统教学模式对健美操教学工作的影响

高校体育教师对学生进行健美操教学时，其行为受到传统教学模式的影响，在应试教育等传统观念的影响下，部分体育教师依旧习惯沿用机械灌输式

的教学方式，对健美操教学活动进行全程的严格控制，未能予以学生更多的自主学习时间和自由，无法充分发挥学生自身的主体作用和创造力。这会导致学生对健美操教学活动的参与兴趣及积极性不高，而教师也忽视了学生的想法和意见，不能适当采纳学生的建议，致使学生对健美操教学工作的喜爱度、认可度进一步下降。

（三）健美操教学内容比较单一

健美操教学内容的单一与否对自主学习模式的应用、学生学习兴趣等具有很大影响。为了充分调动学生的学习积极性，促进自主学习活动的开展，需要对教学内容单一的现状和问题进行改变，但是在这项集体性较强、系统性较高的体育运动教学活动开展过程中，部分高校体育教师未能对健美操教学内容的韵律性和节奏感进行考虑，致使健美操教学工作无法充分发挥舞蹈和音乐方面的审美优势，学生学习兴趣不高，自主学习的推进自然受到影响。

（四）学生对健美操运动认知方面的问题

高校体育教师发现喜爱健美操运动的学生大多为女生，并且很多女生是为了追求更加完美的身材而进行学习，致使男生认为健美操为女生的运动，与自己关联不大。事实上这种观点是片面的，健美操运动不仅具有塑形的功能，同时还能够锻炼练习者的心肺功能，提高其有氧耐力素质和气质。若未能正视健美操运动的作用及效果，对其存在较多误解，便会对自主学习模式的应用产生阻碍。此外，还有部分学生认为健美操运动是中老年群体的运动，觉得健美操运动不够"时髦"，这对健美操教学工作的开展和学生的自主学习积极性产生较多的负面影响。

二、高校健美操教学中自主学习的应用及提高策略

（一）明确学生主体地位，调动学生自主学习的积极性

为了提高高校健美操教学工作的实效性，教师需要对学生的主体地位进行明确，充分发挥其自身的主体作用，调动学生的学习热情与积极性，使其能够积极、主动地参与到健美操教学活动中。对自主学习方法进行应用时，教师需要根据健美操的教学内容和运动特点进行设计，对教师讲解示范、学生模仿的传统教学模式进行改变，为学生预留适当的自由时间进行自主练习，使学生能够自由律动，充分发挥自身的创造力和想象力。当然，自主学习并未否定教师的主导作用，教学是师生双方的活动，而自主学习也并非"放羊式"的学习，为了使学生的主体作用得以充分发挥，避免健美操教学活动偏离原本的教学目标，教师依旧需要对自主学习过程进行适当的引导，确保自主学习活动朝着正确的方向进行。

（二）营造融洽的师生关系

若想对自主学习模式进行更好的落实，高校体育教师需要与学生建立良好、融洽的师生关系，在教学活动开展过程中对学生的想法和意见进行了解，并且对不同学生个体之间的差异进行掌握，确保健美操教学工作满足不同学生的学习需求。教师与学生进行交流后，能够站在学生的立场进行思考，对健美操课程进行设计，将学生喜爱的活动形式融入健美操教学工作中，使学生感受到教师对自己想法的尊重，这会提高学生参与自主学习活动的积极性。例如，高校体育教师通过与学生的交流发现，学生不喜欢健美操教学过程中的落伍歌曲，此时教师对学生的意见进行搜集，借助投票的方式选出学生喜爱的音乐，将其应用到健美操教学工作中，获得了学生的好评，提高了健美操教学工作的质量。由此可见，通过营造融洽的师生关系可以使学生将自己的真实想法告知

教师，教师能够根据学生反馈的真实信息对健美操教学工作进行科学调整，在提高了健美操教学自主参与度的同时，也使自主学习方法的作用得以更好的发挥。

（三）明确自主学习目标及范畴，对自主学习时间进行控制

高校健美操教学中对自主学习模式进行应用时，教师需要使自主学习目标和健美操教学目标保持一致，只有明确了自主学习目标，自主学习活动才能朝着既定的方向进行，并且一旦自主学习过程出现偏差，教师可以及时对其进行纠正。此外，需要对自主学习范畴进行明确，部分健美操基本技术、技能方面的教学工作并不适合采用自主学习方法，体育教师对此类内容进行教学时需要遵循运动技能的学习规律，对适当的教学方法进行应用，避免对自主学习方法的盲目应用。就自主学习时间方面而言，体育教师可以结合健美操教学内容、学生基本情况等进行调整和设置。通常情况下，每节课自主学习时间可控制在 10 分钟之内，体育教师需要避免将自主学习时间安排过长或者过短。前者将会导致学生注意力的分散，使自主学习沦为"放羊式"教学；后者可能使自主学习无法获得预期效果。体育教师可将自主学习时间设定在健美操运动技能教学之后，避免出现为了"自主学习"而"自主学习"的情况，确保自主学习方法的应用得当，真正发挥其应用价值。教师需要对自主学习进行正确理解和认识，自主学习并非站在接受学习的对立面，应用自主学习也并非完全否定传统教学方法，其目的是转变原有接受学习中僵硬、机械训练的现状，对学生的自主学习能力、分析解决问题的能力和合作能力等进行锻炼，使健美操教学工作更加灵活，提高教学工作的实效性。

（四）应用多元化组织形式的自主课堂

对自主学习模式进行应用时，教师需要对自己示范讲解、学生自学的组织

形式进行丰富，采用更加多元化的教学组织形式，如将小组合作学习、探究式学习等融入自主学习活动中。一方面，小组合作学习、探究式学习等可以为自主学习创建良好的环境，减少学习中过度的竞争，加强学生之间的交流与合作，使小组内成员可以独自完成自己的任务，自主学习，并且将学习结果分享给其他同伴，在提高健美操教学自主学习效率的同时帮助基础较差的学生提高自信，促进学生整体水平的提升；另一方面，通过组织形式的丰富可以激发学生参与自主学习活动的兴趣，提高自主学习模式的灵活性，为学生自主学习能力及意识的培养奠定基础。

此外，高校体育教师需要对教学内容进行调整和丰富，除教材中的音乐作品外，教师可以对学生的喜好进行了解，加入学生喜爱的音乐作品和流行因素，使学生对健美操教学活动产生更多发自内心的喜爱，为自主学习奠定坚实基础。教师还可将时代气息较强的内容融入健美操教学和自主学习活动中，将目前比较流行的舞蹈动作融入健美操教学内容中，使健美操教学内容更具新意，提高学生自主学习的积极性和兴趣。

（五）正确理解和认识健美操运动

健美操教学中自主学习模式的应用与师生双方的认知及思想观念具有较大联系，为了促进自主学习的应用，体育教师可以增加对健美操运动的研究和了解，进而对学生进行正确引导，使学生形成正确的健美操学习观念，能够在正确理解的基础上进行自主学习。若想使学生更好地端正健美操学习态度，高校体育教师还可以组织开展课外实践及自主学习活动，使学生进行"健美操认识"的实践调查，学生可自主设计问卷中的问题，并且自主选择调查对象，如对公园中参与健美操锻炼的不同年龄层次的个体进行调查，了解老中青及不同性别的个体对健美操运动的看法，对自己从网络、书籍中获得的观点进行验证，通过自主调查和思考提高认知，从而积极参与到健美操教学和自主学习活动中。

综上所述，为了激发学生对健美操运动的学习兴趣，充分发挥其自身的主体作用，高校体育教师可以对自主学习方法进行适当的应用，对学生进行科学引导，进而使学生正确认识和理解健美操运动，能够感受其中的魅力，进而提高健美操教学工作的质量和效率。

第六节 健身产业化与高校健美操教学

随着健身产业化与全民运动新热潮的形成，以及"素质教育"和"健康第一"的体育理念的提出，高校健美操教师对传统健美操教学模式的缺陷有一定的认知。本节以健身产业化为时代背景，分析高校传统健美操教学模式的现状，提出从理论与实践、音乐带操、生生互助、综合考核评价四方面开展高校健美操教学模式的改革。

一、健身产业化背景下高校健美操教学模式的现状

健美操教学模式，指的是以体育教育思想为指导，对健美操教学活动进行有计划、有目的的设计与组织，从而形成比较标准的教学方法结构，一般包括可遵循的教学过程、科学的教学方法以及稳定的实施对象。

（一）教学课程设置不完善，理论课时流于形式

随着部分高校的新校区的建立，高校的基础设施日益完善，为高校健美操课堂教学提供了良好的场地设施。但部分高校课程设置仍采用原有的户外课堂教学，遵循下雨即停课的传统，让有限的健美操课时再次缩减；部分高校健

美操教师为争取达到教学目标要求的进度，将部分健美操理论讲解课堂或改为实践为主、理论为辅的综合课堂，或直接进行健美操实践教学，不仅不利于学生进行正确的健美操锻炼，而且不利于培养学生的健美操审美意识。

（二）教学内容陈旧、评价方法单一

健身产业化的市场条件下，高校学生对健美操高校课堂提出了塑形减肥、舒压健体的新要求。但现行的高校健美操课堂的主要内容基本为1～3级大众健美操，教学风格也较为固定，很难激发高校学生对健美操学习的兴趣。此外，部分高校健美操课堂采取只看动作规范性的考核评价标准，极大地扼杀了部分学生对健美操这一时尚运动的兴趣，不利于学生终身锻炼意识的培养。

（三）高校健美操教师资源配置不均

目前在高校从事健美操教学的教师多为女性，且年龄均在30岁左右，主修专业多为艺术体操、竞技体操或舞蹈，由健美操专业毕业的教师各大高校普遍偏少且多为兼职教师。部分教师的专业理论知识与技术均缺乏，不仅无法满足健身产业化背景下对高校人才的需求，而且在一定程度上阻碍了高校健美操课程的发展。

二、健身产业化背景下高校健美操教学模式的改革措施

提高高校学生的身体素质是高校体育教学的重要内容之一，同时适当的体育锻炼也是高校学生保持身心健康的一项有效手段。健身产业化市场对高校健美操教学提出了更高的要求：高校教师在进行健美操教学时，需要培养高校学生独立编排健美操的创新能力和终身体育意识。高校教师改革健身产业化背景下的健美操教学模式时，可以采取以下措施：

（一）理论结合实践，提升高校健美操专业学生的就业能力

健身行业的产业化，一方面，给高校健美操专业学生提供了更多的就业机会；另一方面，给高校健美操教师的传统教学模式带来了巨大的挑战。为了让高校健美操专业学生的能力达到健身市场化的要求，高校健美操教师需要将理论讲解、动作传授、社会实践合理安排在课堂教学中。开展具体教学活动时，鼓励学生阅读健美操专业相关知识，加强对健美操基础动作的训练，提高学生对健美操的整体认知以及健美操基本功。此外，高校健美操教师还需注重培养高校学生独立解决问题的能力与创新思维，进而提高高校健美操专业学生的就业能力与创新能力。

高校教师在开展健美操教学时，要重视学生的创新思维的培养，鼓励学生在课堂教学活动中充分发挥主观能动性，坚持"以教导学"的原则，让学生在具备扎实的健美操基本功的前提下，通过自主设计健美操三要素（音乐、动作、队形），培养创新能力，进而提高高校健美操专业学生的就业能力。

（二）以音乐带操的教学形式，培养高校健美操选修专业学生的终身体育意识

以音乐带操的教学形式，是健身产业化市场的产物，在健身俱乐部中得到广泛的运用。俱乐部教练通过连续强节奏音乐的播放，以带操的方式让健美操爱好者掌握基础、规定动作，进而养成终身锻炼的意识。以音乐带操的教学形式符合新的体育教育思想，高校健美操教师在进行选修专业学生的课堂教学时，以"健康第一"为标准，在提高学生的心肺功能的前提下，达到培养学生终身体育意识的教学目标。

高校健美操教师在开展选修专业的教学活动中，可以播放节奏强、律动快的健美操教学音乐，以音乐带操的形式让健美操选修专业学生不断重复规定

动作，从而掌握基本动作，达到健美塑身的效果。同时，健美操课堂教学目标从注重高校学生动作规范性到关注锻炼时间长短的转变，可以激发选修专业学生对健美操的兴趣，满足选修专业学生修身美体的需求，最终使选修专业学生形成终身体育的意识。

（三）运用生生互助的教学方法，促进高校健美操学生的身心健康发展

高校学生的健美操起始能力，即高校学生在开展健美操课堂学习前，对健美操知识与技能的已有认知水平，以及对高校健美操教学内容的态度。高校学生的健美操起始能力的不同所引起的学生个体差异，使得部分高校健美操教师运用传统的教学模式很难达到高校学生的身心健康全面发展的要求。而高校健美操课堂教学时间有限，教学任务对教学进度与教学目标的要求，让健美操教师很难在课堂上关注每位学生的个体差异，实现高校健美操课堂的因材施教。

高校健美操学生之间的互相帮助，不仅有利于学生团结协作能力的培养，而且可以让健美操教学活动从课内延伸到课外，让教学评价从教师被动监督转为学生自主督促，进而促进高校健美操学生的身心健康全面发展。在具体实施过程中，在教师示范教学与纠错调整后，依据"以强带弱"原则分组，让高校学生对健美操课堂上的教学内容以更直接、更快速的方式反馈给教师，在提高课堂教学质量的同时实现高校学生身心健康全面发展。

（四）应用综合考核评价法，实现高校健美操学生的个性化发展

综合考核评价法，指的是高校健美操教师在实行课堂考核与评价时，坚持"以人为本"的素质教育新思想，考核内容包括定量与定性、过程与结果等多方面。高校健美操教师实行综合评价法，由注重学生的学习结果向注重学生原

有基础的提升情况转变，这不仅有利于提高高校健美操考核与评价体系的透明度与公正性，而且有利于高校学生更清晰地认识自身的优缺点，有针对性地开展课堂学习与课外锻炼活动，实现高校学生的个性化发展。

高校健美操教师在进行健美操课堂教学考核时，在关注高校学生掌握健美操基本动作与技能的同时，还需要关注高校学生的健美操课堂参与度、心理素质以及社会适应能力。在进行阶段性教学评价时，依据高校学生的个性化人格特征采取相应的评价语言与动作，消除高校学生对健美操课堂的误解等不良心理情绪，根据高校学生对健美操课堂教学提出的个性化要求，改变教学方法与教学内容，实现"教"与"学"同步，体现高校健美操课堂考核评价体系的公开、公正。

改革高校健美操教学模式符合健身产业化背景下的市场要求，符合新的体育教育思想。高校教师开展健美操教学活动时，针对选修专业学生，注重理论结合实践；针对选修学生，音乐带操；针对学生差异，生生互助；针对个性需求，应用综合考核评价法。改革健身产业化形势下的高校健美操教学模式，能提高高校健美操专业学生的就业能力，培养高校选修专业健美操学生的终身体育意识，促进高校健美操学生的身心健康发展，实现高校健美操学生的个性化发展。

第七节　成果导向与高校健美操教学

本节介绍了成果导向模式的基本思想和实施原则，分析了高校健美操教学中实施成果导向教学模式的必要性，研究了基于成果导向模式的高校健美操教学的实施思路和效果，验证了以目标为导向、以学生为中心和以持续改进为目标的成果导向模式教学实践的可行性。

一、成果导向教育的基本概念

成果导向教育模式（Outcomes-Based Education，OBE）是西方国家较为先进的一种教育理念，在美国和澳大利亚的基础教育改革中取得了巨大的成功。20世纪90年代，美国教育学家斯派帝在其著作《基于产出的教育模式：争议与答案》中对教育的实用性和教育成果的重视程度进行了深入分析，确立了成果导向教育模式的完整理论体系。时至今日，成果导向教育模式仍是发达国家教育追求卓越成效的主要研究改革方向。

成果导向教育模式成为教育范式的关键在于它将学生的学习成果作为教学内容和实施过程的导向，并在教学设计过程中强调以下几个问题：①学生的学习成果有哪些？②确定学习成果的理由是什么？③如何以成果为导向来设计教学内容？④如何测量学生的学习成果？所谓成果就是学生学习开始到结束这一过程中的学习结果，教学设计的成果应以学生能够获得的最大能力为标准。

成果导向教育模式与传统教学模式的内涵完全不同，以往的教学是研究学生知道什么或者记住了什么，而OBE则是量化学生的所得。比如，对学生的健美操动作学习进行评价，传统教学评价的方法是让学生演示部分具体的动作细节，而这仅仅是所学的一部分或一小部分。

二、成果导向体育教育实施架构

成果导向教育在体育教学中的实施原则如下：

第一，聚焦学生的学习成果。体育课程的教学内容和教学方法设计要清楚地聚焦在学生完成学习后可以取得的成果上，还要让学生在上课前就明确教学成果，并以教学过程和结束后的成果为依据来进行教学评价，总之体育教学的全过程都要聚焦成果导向。

第二，尊重学生的个体差异。成果导向教育的教育范式转换过程之一就是要充分考虑学生的个体差异性，特别是在体育教学过程中，性别、家庭、身体条件和伤病等因素都会造成学生在体育锻炼方面的差异，这些都是教学设计阶段要充分考虑的问题。成果导向体育教育实施的原则就是要为每个学生提供等同的学习机会，并在一定的范围内根据学生的个体差异进行个性化定制，既要让所有的学生都有学习机会，也要让所有的学生都有学习成果。

第三，提高学生的学习期待值。成果导向教育的基本原则之一就是以学生为中心，学生对学习的期待就是课程要赋予他们的学习成果。体育教学应以鼓励学生的深度学习为最终目标，以提升学生的体能、身体素质为基本目标，以提高动作标准度为一般目标，以构建体育核心素养和终身体育锻炼的训练体系为终生目标，逐步提升学生的学习期待值，从而实现成果的不断优化和提升。

第四，持续改进体育教学体系。成果导向体育教育的实施不应该是一次性的，要通过不断的持续改进来提升课程体系和培养模式的质量。在完成一定阶段的成果导向体育教育后，要以学生预期达到的高级成果为目标进行反向教学设计，一方面排除不必要的教学内容和课时，另一方面也要加大课程难度和提高成果要求来促进教学水平的进一步提升。

三、成果导向教学模式在健美操教学中的实施思路

健美操课程在开展以教学成果为导向的课程改革时，要符合学校和学生的实际需要，并从以下几方面来确定实施策略：

（一）立足于教学能力的培养

健美操课程的人才培养方向是未来的体育教师或健美操教练，那么以成

果为导向的教学改革就要在这个培养目标上做文章，将课程的内容和训练过程向教学能力培养偏移。健美操课程除了要教会学生标准的技术动作，还要培养他们在以后就业工作过程中解决教学问题的能力，在教材选择、教学资料整理、技术动作训练、理论知识讲解等方面进行有计划的教学能力训练，这样不仅可以满足学生的健美操运动技能学习需求，也为他们未来就业打好了基础。比如，可以通过构建校企联合的实习基地等方式，让学生去健身场所、教育机构进行实践学习，通过实际的健美操教学过程来提升自己的健美操技能和教学能力。

（二）保证师资队伍的质量

健美操课程教学的专业性决定了不是一般体育教学工作者可以胜任的，师资短缺一直以来都是健美操课程教学水平难以提升的主要原因之一。在开展健美操课程教学改革时，就必须从师资队伍建设方面下功夫，通过招聘、再教育和兼职实习等方式来提升教师队伍的质量，为学生提供更加专业的教育教学服务。现有教师也要高度重视成果导向体育教育改革，不断提高自身的教育教学水平，利用各种培训、实习来争取自身健美操素质的进一步提升。在职健美操教师要走出去，参加一些高水平的健美操比赛或交流活动，不断提升自己的知识水平；学校也要请进来一些高水平的健美操教练，开展学术交流和培训活动，努力提升师资队伍的质量。

（三）转变教学理念，优化教学内容

健美操课程成果导向教学改革的实施要有新的内容，就必须要求教师有新的教学理念，能够从学生成果出发来构建课程体系、改变教学方法和实施教学评价。教师首先要对教学内容进行改革，教学采用的教材要体现时代性，要以近期热门的教学内容来打动学生，在高校体育课程标准允许的范围内构建符合自身特点的教材体系。教学研究室要组织人力、物力进行教材编写、视频录制等工作，为不同层次的学生设计有针对性的教学内容和资源。教学内容要做到难易适中和理论联系实际，对初学者要进行分解动作要领的重复性练习，对掌握程度较好的则进行自由动作的编排演练练习，对水平较高的则要以竞技比赛标准来开展练习。总之，教学内容的设计必须以学生的成果为导向，进行有个体差异针对性的过程训练设计。

四、成果导向教学模式在健美操教学中的实施效果

（一）学生学习主动性明显提高

成果导向教学模式的主体是学生，学生是否学习，是否有收获是衡量实施效果的主要标准。学生在成果导向教学模式的健美操教学中明确自己要达到的目标，学习热情空前高涨，能够主动地配合教师进行知识学习和动作练习，完成一阶段的教学任务后会主动进行高层次的进阶学习。

（二）教师队伍素质显著提升

教师是教学活动的引导者，在进行成果导向教学模式改革过程中起到了主导作用。专职教师通过再教育培训、交流合作、编写教材、录制视频等方式来提高自身的理论实践水平，并从根本上认识到了以成果为导向的教学改革的先进性，对今后的持续关注型教学改革提供了较大帮助。从本专业实际情况出发，聘请了部分高水平的健美操教练来学校授课，每个外聘教师都配备本专业专职教师助教来辅助教学，同时在合作过程中对本专业教师也是一个锻炼机会。学校也会定期举办健美操比赛活动，以赛代练，提升教师的教学水平。

第四章 高校健美操教学训练
一体化概述

第一节 健美操教学训练一体化的内涵

在全面开展素质教育的思想影响下，高校健美操教学开始迈向新高度，教学形式丰富多样，教学内容得到极大扩充。健美操能够结合多种舞蹈动作，可以帮助广大学生塑造形体，培养肢体协调性和容忍性，健康身心，因此深受广大学生的喜爱。为了满足广大师生对健美操的学习需求，各大高校开始了健美操教学训练一体化的尝试，以满足时代进步的需求，使健美操教学能够与时俱进。

健美操教学训练一体化，是将课堂教学与课外训练结合在一起，对于一些学有余力的学生，可以利用一体化平台进行技能训练。将课堂教学和课后训练结合在一起，有利于提升学生对健美操的学习兴趣，也有利于培养健美操人才，使学生在训练中加深对知识的理解，以此提高教学质量。本节围绕着高校健美操教学训练一体化展开论述，希望为健美操教学提供一些参考和建议。

一、健美操教学训练一体化的内涵

高校健美操教学训练一体化指的是在课堂教学中将理论知识和实践训练

结合在一起，这可使课堂教学更加科学、高效。在课堂教学中，学生可以很好地掌握健美操的理论和应用实践，感受健美操的艺术美感，提升健美操相关动作的技能和技巧。健美操教学训练一体化模式，使课堂内容更科学、更有层次，能够通过实践帮助学生更好地掌握理论知识，也能通过学习理论知识规范学生的动作，对不正确的动作进行及时纠正，大大节约了分开教学的时间，避免了遗忘造成的理论和实践的脱节。因此，健美操教学训练一体化模式是对当前教学模式的改进，在原有的教学基础上更新了教学理念和方法，推动了高校健美操的发展，提高了教学质量。

二、健美操教学训练一体化的目标

传统的健美操教学重视实践而不重视理论教学，在后来长期的探索实践中，逐渐意识到健美操理论教学的重要性，因此在当前的健美操教学中应当同步提高学生理论和实践的双重能力。针对传统健美操教学中理论和实践分开教学的弊端，健美操教学训练一体化的目标是将健美操的实践教学和理论教学相互穿插、有机结合在一起，根据学生的不同优势和个体差异，因材施教。一体化模式重点关注学生学习兴趣的培养，重视学生健美操基本技能、形体和专业基础知识的培训，提高学生对健美操的学习兴趣，使学习变得积极主动，达到提高教学效率的目标。对于一些体能较差或者健美操基本技能基础薄弱的学生，要重视基础训练，采用一体化模式同时提高其实践和理论的认知，培养学习健美操的兴趣，使学生身心健康发展，提高综合素质和能力。

第二节 健美操教学训练一体化的困境

一、重视程度有待提高

虽然明确了教学训练一体化模式的优势，但在实际应用中还是面临一系列的问题。首先面对的问题就是高校对于健美操教学的重视程度有待提高。健美操在我国高校中的发展和起步较晚，各方面发育不够成熟，因此导致很多高校对健美操教学的认识不到位，重视程度不够。由于各方面条件的限制，健美操专业教学缺乏足够的硬件和软件设施，也缺乏必要的办公经费和有关部门的支持，如没有加强对健美操多媒体教学设备的引进等，导致健美操在教学资源上不甚充裕，这就在客观条件上限制了健美操的教学和发展，也不利于健美操教学模式的改进。有关部门对健美操类型的竞赛也不够上心，不能够积极、有效地鼓励学生参赛，使学生在学习健美操时缺乏必要的积极性和成就感。

二、基础设施不完善

由于缺乏必要的资源支持，导致健美操在教学中缺乏较为先进的教学设施，场地上也稍显紧张。这就在客观条件上限制了健美操的日常教学和训练，许多学校健美操教学与体育教学共用一套设备和场地，导致健美操的专业性不能很好地体现出来，使学生训练不能与其他专业区分进行，不利于学生对知识的掌握，影响了健美操教学质量。此外，对于现有教学设备的维护和保养措施也不到位。本身健美操的教学设备就不多，再出现年久失修的情况，无异于雪上加霜。高校的健美操教学直接关系到我国健美操运动的水平。因此，必须加强教学训练一体化改革力度，重视教学训练一体化的作用。以教学训练为基础，提高学生的健美操水平。

第三节 健美操教学训练一体化的构建

一、高校健美操教学训练一体化的构建过程

高校健美操教学训练一体化的构建，从项目的发展动力上入手，项目的发展状况很大程度上取决于参与人群的普及程度，经过具体实践，最终形成发展→提高→进一步发展→再提升的良性发展过程。

（一）构建思路

①扩大人群普及率。充分运用高校新生的健美操选修课程，结合新生的心理特点、师资力量以及场馆建设方面的优势，挖掘健美操所能够展现出的美，让学生感受健美操的价值。强化理论学习并结合具体实践，扩大人群普及率。②以课外俱乐部为依托，提高学生的素质。选修课程结束之后，学生对于健美操的理解已经上升到一个新的高度，愿意进入课外俱乐部进行学习，增强自身对健美操的实践能力。这种模式在不同层面为学生提供健美操资源，满足不同层次学生的需求。③业余训练队扩大专业人群数量。通过与课外俱乐部相结合，使得学生的健美操质量得到全面提升。教师在这一阶段，可以挑选技术能力较强的学生选拔进业余训练队，进入专项技能提升的阶段。这一阶段，要求学生拥有多项任务，一方面要承担学校安排的各类表演活动，另一方面还需要参与到俱乐部的教学、训练与管理工作中，进一步加深对健美操运动的理解。④代表队训练，进一步提高学生的专项技能。教学训练一体化的最终目标是成立健美操代表队，队员从业务训练队中选拔，代表学校参与全国性乃至国际性的比赛。这一阶段，学生对健美操运动已经有了一定的认知，乐于投身到健美操运动当中，在实现自我转变的基础之上提高训练效率。

（二）构建框架

从教学训练一体化框架思路上来看，这种教学模式在高校健美操教学中应用具有较强的可行性。但想要真正构建一个基本的实施框架，实际上是一个相对复杂的过程，需要进行周期性建设来达到这一目标，即要实现教学训练的系统性以及人才培养的周期性。因此，想要构建一个基础性的框架，需要考量的因素包括模式结构层面的基础配置、保证空间层面的有序性以及时间层面的连续性。具体分析确定所要培养的人才之后，科学地制定健美操教学内容，最终依据内在相互联系形成一个空间结构。基础层级是从高校健美操入手，由浅入深地开展健美操教学。与健美操教学相交叉，逐步建立选拔机制，最终为高校健美操人才选拔奠定基础。主线训练模式还是以教学训练一体化为主。

二、高校健美操教学训练一体化的构建策略

（一）丰富高校健美操教学训练一体化内容

素质教育理念的逐渐深入，对学生的综合能力发展产生深远影响，学生的主体地位得到重视，也使得学习观念发生改变。这种转变，一定程度上使得学生对于健美操运动的理解发生改变，并非传统意义上的以理论知识学习为主，而是更愿意通过课余时间以及课外活动来逐步完善自我，提高自己的整体素养。分析转变成果可以发现，学生的主观能动性被充分调动，更乐于参与到教学实践活动中。但想要进一步丰富高校健美操教学训练一体化的内容，还需要从以下几个方面入手：①将健美操课程融入传统的课程体系中，结合健美操教学自身特点建立系统性的理论知识结构，形成教学体系，让学生投身于健美操理论知识的海洋中；②改革创新健美操课程。从健美操教学训练一体化的整体框架出发，健美操课程实践场所已经发生转移，课程形式更加多样化，与课外

俱乐部合作，建立健美操人才培养专业化体系。③教学训练一体化作为一种理论与实践相结合的教学方式，现如今已经被广泛应用到高校体育教学实践中，并具有良好的教学实效。

（二）拓展与延伸健美操教学训练一体化途径

为了拓展与延伸健美操教学训练一体化的途径，高校可开展课外训练。例如，学校方面可以结合资源优势，组建课外健美操俱乐部，保证为学生提供一个进行课外健美操锻炼的场所。同时，学校还可以选拔优秀的健美操教师在课外俱乐部进行教学，最终让学生学以致用，引导学生接受健美操、感受健美操。教师可以改变传统的课堂教学的固化模式，重新组建具备独特魅力的训练队伍。这样的方式，不单单是一种健美操训练场地的拓展，也在一定程度上开阔了学生的眼界，让学生更愿意学习健美操。从传统的角度来看，建立健美操课外俱乐部是一种高校体育教学模式的突破。在俱乐部中，学生可以根据自身对于健美操的看法进行良性交流与合作，进一步发现训练过程中存在的不足，提高健美操运动技能水平。

（三）学校定期组织举行健美操比赛

当前高校是健美操大赛的主办场地之一，在一定程度上能增强高校学生参与健美操比赛的意愿。因此，学校本就具备先天性的优势，在日常训练的过程中，教师可以定期对健美操运动员进行选拔，挑选优秀的健美操运动员，组建专业性的健美操运动训练小组，并且定期举办院校与院校之间的健美操大赛，使学生在比赛中深刻地感受健美操所带来的震撼。一方面，学生为获得良好的比赛名次，在健美操教学训练的过程中会更加积极，全身心地投入健美操学习中；另一方面，学校定期组织举行健美操比赛，也会为健美操教学训练一体化提供新的发展途径，避免了教学模式应用方面存在的困难及问题。学校自身组织健美操比赛，对教学训练一体化是一个根本性的保障，也充分说明了学校对健美操教学的重视程度，愿意探索新的健美操教学途径。

（四）提高健美操队伍的专业水平

高校应当善于挖掘对健美操有兴趣的学生，通过学生会或者社团的方式创造多种健美操学习团队，组织更多的学生参与其中，提高其对健美操的认识，提高其学科素养，培养学生对健美操的广泛兴趣，并积极获取学生家长的支持和帮助。所组建的社团或者学生会作为学生学习健美操的有利场所，也方便学生在社团中结识很多志同道合的朋友，扩大健美操的人脉和交际圈，从而有利于交流健美操学习的心得体会，加深对健美操的了解和认识。在相关的社团等组织中，教师应当积极参与其中，对社团的学生进行技能上的指导，并对社团进行有效的管理，学生可以利用课余时间来社团参与学习和练习，这样既方便了教师对学生的管理，也利于学生充分利用闲暇的时间，培养对健美操的学习兴趣，也能够在一定程度上缓解学生的课业压力，放松身心。在教学训练一体化的影响下，学校健美操队伍的专业水平显著提高。

（五）加大推广宣传的力度

在新课改的思想指导下，高校和有关部门应当重视健美操教育，加强对其推广和宣传的力度，改变当前教学训练一体化面临的诸多困境，加大资源的投入，为教学引进必要的健美操教学设备，为健美操教学能够顺利进行和开展打下基础，确保教学能够顺利进行。在日常的健美操教学中，教师应当认识到理论教学和实践教学同等重要，在理论教学中渗透训练，在实践教学中穿插理论，让学生学会两头并重，同步进行，不能厚此薄彼。教师在教学中还需认真观察学生的不同特点，发现每位学生身上的闪光点和不足之处，因材施教，学会调动学生的积极性，通过丰富多样的教学手段增强课堂的趣味性，激发学生的学习兴趣。同时，高校可以积极引进多媒体教学手段，运用多媒体教学不受时间、空间限制的独特优势，将教学内容录制成视频，供学生随时学习和训练。因此在教学中，教师应当善于观察学生在不同阶段的心理和表现，洞悉课程的重难点和学生的掌握情况，有针对性地加以指导。高校要加强对健美操的宣传力度，让更多的学生更深层次地了解健美操，还可以与多方资源进行合作，组织学生参加健美操比赛，提高广大师生对健美操的关注度。

（六）完善教学设施建设

上文论述了由于健美操在我国的发展历史较短，其教学设备和师资力量还处在建设阶段，在健美操专业的发展中，为了配合教学和训练一体化的开展，高校应当从根本物质资源条件入手，加强相关的教学资源和设备的建设，为教学训练一体化的开展提供良好的物质条件。之前大量存在的教学设备紧张和教学场地不够以至于和体育专业共用一套设施的局面必须加强改进。高校应当为健美操教学准备足够的空间场所，准备好音响、计算机、投影仪和其他训练物资，督促学生准备好合适的服装，并且对相关的教学设备进行及时的调试和维护，以保证这些设施能够在教学中正常使用。同时，也要加强对教师队伍的培训，加大教师考核制度和教学监督的力度，确保每位教师能够熟练掌握多媒体设备的基本操作，科学合理地设计教学课件，有条不紊地开展教学，对学生同时进行健美操的理论教学和实践教学，推进教学训练一体化。高校还应当注意引进专业的技术人才，对相关的教学软件设备进行开发和利用，充分发挥应用信息技术进行教学的优势，提高教学质量。

综上所述，高校应当重视教学训练一体化的作用，采用多种方法，切实推进健美操教学训练一体化的改革，有效增强教学效果。

第四节 健美操教学训练一体化的有效性

笔者结合高校各学科的热衷程度调查显示，健美操运动是一项受到追捧的体育课程。健美操作为一项有氧运动，实现了音乐与体育运动之间的完美融合，动感十足，热情奔放。作为一项高校体育课程，其应该具备独有的价值，如何实现健美操教学模式的变革并提升训练能力，首要问题是解决教学与训练之间严重脱节的问题。

明确高校健美操教学训练一体化模式的发展框架与实施策略，结果表明教学训练一体化模式在高校健美操教学中的应用效果显著。

一、有利于全面型人才的培养

现阶段，社会对于人才的需求已经发生改变，传统以专业知识掌握情况作为衡量标准的人才选拔机制已经逐渐被淘汰，专业知识仅仅成为一个衡量要素，德、智、体、美、劳综合素质全面发展的多元化人才成为企业选拔的重点与核心所在。高校健美操教学本就属于体育教学中的一种，承载着人才多元化发展的基础性目标，将教学训练一体化的教学模式应用其中，有利于全面型人才的培养。高校本就是人才培养的基地，体育课程作为必不可少的一项，能够展现出高校课程体系的全面性。课程体系的建设目的也是进一步实现高校全面型人才培养的目标，展现出高等教育的教学实效与教学成果。高校健美操教学训练一体化的发展丰富了课程体系的同时，也使得全面型人才培养成为可能。

二、有利于专业人才梯队建设

高校作为人才培养的基地，承担着人才培养的使命与任务。高校健美操教学作为体育教学的一种，能够全面提升学生的审美能力，促进身心健康发展。从专业技能角度来看，健美操教学训练一体化有助于对参与这项运动的学生进行划分，完成学生专项技能掌握的定向培养，充分发挥出自身的潜能。健美操运动员以及健美操特长生被纳入整个训练体系以及群体实践中，完成了专业技能的提升。高校专业人才的培养，实质上与社会环境之间具有较强的关联性，两者密不可分。人才梯队的建设，需要形成高水平运动员—健美操特长生—健美操兴趣爱好者的发展梯队，让参与者、健美操爱好者能够发挥出自身的优势，传播健美操文化与精髓。

三、有利于校园文化的传承与发展

校园文化是高校长期教学实践以及历史传承发展中不可或缺的组成部分，是学校所具有的特定精神环境与文化氛围，更能体现出一所学校的校风建设。体育教学可增强学生的体魄，让学生的综合素质全面发展，使学生养成良好的学习与生活习惯。高校健美操具有热情奔放、动感十足的特点，与当代大学生充满激情和活力的个性相符。健美操本就是通过体操的方式展现出运动之美，其中糅合了传统的音乐元素，让健美操运动在具体实施的过程中别具特色，表现出别样的魅力。教学训练一体化在高校健美操教学中的应用，为打造特色校园奠定了坚实基础，组建一支高质量的校园健美操特色队伍能够弘扬与传播校园文化。

总之，教学训练一体化已经成为高校健美操教学改革的一个新途径。在具体分析中也可以发现，教学训练一体化框架的构建以及应用策略已经明确，并最终验证了研究的有效性，在多层面体现了教学训练一体化在高校健美操教学中应用的价值。

第五章 高校健美操教学训练一体化模式

第一节 健美操教学训练一体化模式存在的问题

健美操教学训练一体化模式是指教师引导学生将自己所学的理论知识运用于健美操运动的实践锻炼中，通过理论与实践相结合的方式来实现教学与训练的统一。在高校健美操运动中，采取教学训练一体化模式，能够有效提高健美操教学的层次性与有效性，进而促进健美操教学可持续发展。然而，通过对当前我国高校健美操教学现状进行分析发现，健美操教学训练一体化模式中仍然存在诸多不足，亟须对这些不足进行解决，以进一步增强高校健美操教学效果。

一、高校内部教学资金不足

我国高校健美操运动的发展时间相对较晚，仍然处于初步发展阶段，我国大多数高校对于健美操教学的资金投入普遍不足，导致健美操教学与训练缺乏足够的资金保障。而健美操运动的训练与比赛，在场地、器材、服装等方面需要大量的资金来维持。所以，资金不足的问题极大程度地限制了健美操竞赛活动的开展，同时也导致学生参加专业比赛的机会大大减少，从而影响了学生的健美操运动水平。针对这一情况，高校应该提高对健美操教学训练的重视程度，增加资金投入，以为健美操教学与训练提供足够的资金支持。例如，高校在对资金进行划拨时，可以适当增加对健美操教学训练的资金投入比例，也可以向国家或者有关部门申请更多的资金用于健美操教学与训练活动的开展。除此之外，高校也可以增加资金来源渠道，积极寻求与社会企业的合作，获得更多的企业赞助，以有效解决资金不足的问题。

二、高校健美操教学训练时间不合理

尽管如今我国各大高校开始逐步提高对健美操教学的重视程度，然而对于大学生而言，其专业课程的学分比重较大，对其毕业有着非常大的影响，因此仍然是重点课程，他们仍然面临着较大的学习压力，缺乏足够的时间参加健美操运动的训练与比赛，从而大大限制了高校健美操教学训练一体化模式的实施。不仅如此，我国多数高校仍然受传统教学思想的影响，对健美操教学缺乏足够的重视，认为健美操运动只是为了供学生消遣娱乐，而学生的主要任务是学好专业课程知识与技能。针对这一情况，高校应该彻底改变以往传统的教学思想，转变教师和学生对健美操运动的认知，使其充分认识到健美操教学的重要性，并对健美操课程时间进行调整，适当增加健美操课程时间，积极组织开展健美操运动训练与比赛，以提高学生学习健美操的积极性。

三、健美操训练的教学器材及资源较为落后

如今我国高校健美操教学资源的建设仍然存在明显的不足，主要表现在以下几个方面：一是高校健美操教材仍然不够系统规范，我国高校普遍使用统

一的教材，其教学内容难以有效满足不同专业学生的学习需求。对于专业学生而言，内容过于简单；但是对于普通学生而言，难度又较大。因此，难以对学生进行针对性训练。二是由于资金不足，导致训练设备也不够充足，学生在训练的过程中，缺乏先进器材的辅助，从而影响了其训练效果。针对这一情况，高校应该加大对教材体系的优化与调整，对于不同专业的学生，应该设置不同的教学内容，以增加健美操教学的针对性。同时，还应该增加对健美操的资金投入，积极引进更多的先进训练器材，以为学生的训练提供充足的设施保障。

第二节 高校健美操教学训练一体化
模式的构建

健美操是一种在音乐节奏下进行的有氧运动，凭借热情奔放、动感等特点开始在人们的生活中流行起来。目前，健美操已经在各个领域中广泛开展，频繁出现在各种赛事中，成为高校课堂教学中必不可少的教学内容。但是受教学模式和教学方法等因素的影响，健美操教学过于形式化，缺少实践操作，教学质量较低。如何提高健美操教学质量和训练水平已经成为健美操教育中研究的主要课题。健美操教学训练一体化是一种将教学和训练相结合的教学模式，改善了传统教学的弊端，具有实践意义。

健美操教学训练一体化是一种将课堂学习知识应用到课外实践的教学模式，可以形象、生动地展示教学内容。此种教学模式将健美操理论教学和实践操作相结合，提高了学生的健美操技能，促进了高校健美操教学的发展。

一、高校健美操培养目标分析

高校是培养社会化人才的主要场合。因此，制定健美操教学训练一体化人才培养目标时，应该侧重学生多方面能力的培养，摒弃一专，但其他均不优秀的教学培养模式和注重成绩专业、轻视技巧应用的教学模式，在符合高校人才培养目标的基础上，形成一体化教学训练体系，不仅要培养较多的技能型学生，还要培养一批高水平的体育精英。进行实践时，可以利用层层规划，全面提升的方式进行锻炼，利用基础实践、专业实践和综合实践相结合的模式开阔学生的视野，增强学生的社会服务意识，鼓励学生融入社会，将学生培养为专业技术高、素质高、实践能力强的现代化人才。

二、高校健美操教学训练一体化模式的构建思路

在群众中的开展力度和普及力度是影响体育项目发展的主要因素，只有不断实施训练，才能提高学生的创造力，进而形成发展—提升—巩固—提升的良性循环发展模式。竞技运动与群众运动本身就具有很多相似处，只有实现两者的结合，才能相互促进，共同进步，进而推动体育事业的长久发展。竞技运动是体育事业的特征和先驱，群众运动是体育事业的支柱和基础。因此，进行高校健美操教学训练时，必须实现教学和训练的结合，以教学为基础，将训练作为提升方式，形成教学训练一体化模式。在实际训练中，充分发挥学生的作用，引导学生多进行实践教学，提高学生的组织能力和训练能力，实现健美操教学目标。

第一，采用选修课方式普及健美操。为了促进健美操运动在大学中的开展，可以将其作为选修课，结合学生的学习特点、认知规律和学校建设规模等建设健美操场地，充分展现健美操项目的特点和优势。可以选取优秀作品进行表演，

提高学生对健美操的认识，利用理论课的讲解和实践教学的操作，改变学生的认识，进而激发学生对健美操的兴趣。第二，利用俱乐部吸引学生。选修课结束后，教师可以利用俱乐部方式实施再教育，以自主训练方式开展选修课程。为了缓解经费问题，可收取俱乐部教学项目费用，结合多种方式满足不同学生的需求。而且此种操作实现了课内教学和课外的结合，增强了健美操教学效果。教师可安排技术人员负责俱乐部教学，利用连续性教学提高学生的综合能力。第三，实施专项训练，提高健美操教学质量。在上述基础上，学生可以掌握基础的健美操技能和方法，教师可结合学生技术层次，利用按质分组、递进流动方式进行培养，将符合要求的学生列入代表队，代表国家参与全国性比赛，享受国家补贴、学分补贴等。如果选取校队的学生不努力，可以将其直接降到业余训练队，让每位学生严格要求自己，不断提升自身水平。

三、构建高校健美操教学训练一体化模式框架

高校健美操教学是一个复杂的过程，为了培养专业的人才，必须耗费大量的时间和精力。所以为了满足高校教学需求，构建健美操教学模式时，首先要了解并分析该模式的结构，划分清楚内部职责，实现内部关系的协调发展；其次，还要保证知识体系的系统性和全面性，在符合学生认知结构的基础上构建教学模式。笔者构建健美操教学训练一体化模式时，主要从教师、学习目标、学生需求等方面进行深入探究，构建了符合高校健美操教学的模式，对提升高校健美操训练水平具有重要意义。

第三节 健美操教学训练一体化模式的
预期效益

进行健美操效益分析时，可以从以下几个方面进行探讨：

一、人才培养效益

随着市场经济的发展，市场对人才培养提出了较多要求，只有培养全方位人才，才能满足社会发展的要求，提升学生的竞争力。教学训练一体化模式是一种加强学校与社会联系的模式，满足了基础、专业和综合教学的要求，能将学生培养成综合、全面的现代化人才，实现了高校健美操教学目标，而且此种模式还可以为社会培养一批具有科学文化和专业知识的体育人才。

二、人才梯队的建设效益

培养健美操人才梯队，可促进健美操持续发展。在实际应用中，可由健美操运动员、健美操特长生对社会健身人群进行指导和教育。国家健美操青少年培训基地可以及时对有潜能的人员进行再教育，强化对中小学教育的指导工作，形成以中小学体育教师为主，与社会机关相协调的健身计划。此种操作不仅可营造积极的健身环境，还加强了健美操的人才梯队建设。此外，此种教学模式还可以给条件较差的学校提供锻炼机会，实现了各学校的优势互补，给后备人才梯队建设打下了坚实的基础。

三、校园文化建设

校园健美操文化也是高校健美操教学训练中重要的组成部分。形成良好的校园文化已经成为高校健美操教学训练的主要任务。所以在构建健美操教学训练一体化模式时，可以从健美操教学、训练、竞赛、锻炼等出发，每年定期在学校开展健美操比赛，并将健美操选修课程成绩列入年度考核中，利用校级、院级联合方式，促进健美操长期可持续发展。

第四节 健美操教学训练一体化模式的实施方法

我国高校体育课程内容较丰富，学生可以根据自己兴趣自由选择体育课程，提高了学生的学习积极性。在高校中开展健美操课程时，也可以给学生提供多种选择，营造轻松、舒适的环境，让学生在健美操学习中获得较好的体验。具体可以从以下几个方面实施：

一、丰富健美操教学训练一体化内容

随着素质教育的实施，教学理念发生了巨大变化，进行健美操训练时，不仅要给学生教授一定的文化知识，还要在文化学习的基础上，开展多种多样的课外活动，利用这些活动检验理论知识，丰富学生的实践经验，提高学生的综合素养。高校可以将健美操教学训练一体化模式引进课堂教学中，同时结合学生的学习特点，建立理论与实践紧密结合的教学体系，引导学生主动学习健美操知识，掌握基础的动作要领，在长期训练中，感受健美操的魅力。此种方式，不仅可以让学生找到适合自己的学习方式，还可以培养全面的健美操人才，提高了高校健美操教学质量，具有较强的实践应用意义。

二、提高资金投入，促进健美操教学训练一体化模式的实施

首先，高校领导人员必须提高自己的思想认识，结合健美操在我国高校的发展特征，认识健美操与人才培养的联系。然后，结合办学规模、性质、年级等因素，加强资金支持，必要时可向相关部门提出申请，完善健美操教学设施建设，给学生提供足够的健美操训练场地和器材，满足高校健美操教学训练一体化模式的需求，不断提高学生的健美操技能，促进学生的全面发展。此外，还可以利用资金引入大量专业的健美操教练，给学生进行专业化训练。

三、合理安排时间，定期开展比赛

高校是健美操比赛的主办单位，在提高学生健美操技能和满足学生参加健美操比赛愿望方面具有很大作用。因此进行训练时，教师首先要合理安排健美操训练时间，结合学生的需求成立学习小组，定期组织各个院校开展健美操比赛，进行技能比拼，这对建立健美操队伍和提高健美操人员技能具有很大作用。为了参与各个高校举办的健美操比赛，学生在平时的学习中会严格要求自己，进而提高健美技能。为了定期开展健美操训练，举办健美操比赛的高校可向参赛高校收取一定费用，完善比赛场地和奖项设置，提高学生学习健美操的积极性，培养理论知识扎实、专业技能较强的专业化人才。

四、普及选修教学，注重健美操教学与第二课堂训练

为更好地促进高校健美操教学训练一体化模式的发展，首先应该将健美操课程更名为"健美操教学与第二课堂训练"，这样可提高师生的重视程度，能够使学生在掌握基本动作要领之后做到融会贯通，真正实现学以致用的目

的；其次，允许学生根据自己的兴趣和时间，选择自己感兴趣的项目和老师等，毕竟大学生课余时间较多，若是能将这部分时间进行合理利用，往往能够达到事半功倍的效果，即学校应该设置更加合理的选课系统，为学生提供更多选择，只要有十人以上的学生选择某项健美操项目就可以开课，这样能够提高学生学习的积极性和主动性；最后，建立全面的评价体系，即注重教师和学生两方面的评价，同时注重评价的过程和结果，当然还应该对训练过程进行评价，如可组织高校学生利用课余时间开展健美操比赛等，并将其作为评价的一部分，这能使学生对健美操教学有更深刻的认识，教学目标也更容易实现。

五、实施分层考核，突出理论与训练的有机结合

分层考核是随着新课改的实施提出的，一方面利于学生更好地展现自我，另一方面对于教师教学的开展也是很有必要的。

首先是健美操选修课程的层次化开展，即根据学生的学习情况开展初级班、中级班和高级班，不同的班级设置不同的考核标准。例如，初级班只要求学生掌握理论知识和基本的组合动作；中级班则要求学生自己组织和编排健美操动作，对教学训练进行简单的尝试；高级班最好能够以各类健美操大赛的形式开展，对学生的要求较高。

其次是层次化的评分内容。一是根据学生的课堂表现和理论知识掌握情况，给出一定的基础分；二是注重学生编排过程的套路，这主要是针对实际训练的，即对学生应用知识的程度进行考核，一方面要求编排得合理可行，另一方面还要求编排出的节目具有一定的美观性和寓意性等；三是注重学生在健美操教学训练一体化模式中表现出的思想和情感，包括同学间的互帮互助、正确处理竞争与合作的关系等，这有利于帮助学生纠正自身的价值观，帮助他们

形成更加积极乐观的人生态度，以便促进自身更好的发展。

六、打破年级界限，发展学生个性

随着高校健美操教学内容和手段的日益完善，教学组织形式已经远远落后于学生学习和发展的高需求，尤其是随着教学训练一体化模式的提出，更是需要学校打破年级界限，以学生的全面发展和个性发展为基准，保证学生拥有更多的学习资源。

首先是打破原有的年级界限，重新设计上课内容，以满足不同水平和能力学生的发展，这就要求教师多关注学生的个体发展，遵循因材施教的原则；其次是拓展学生个性发展的空间，即让学生在教师的指导下先学后编，教师可以将全班学生进行合理的分组，鼓励学生之间相互讨论，形成自己的节目风格；最后则是要求高校和相关的企业合作，为学生的健美操学习和训练提供具体的场地，如教师可以在课程开始之前，就告诉学生具体的培养方向和发展方向，鼓励有天赋的学生积极参加一些校企合作项目。

七、建立课堂教学与教学训练一体化模式的健美操俱乐部

在目前的教学体制下，虽然很多高校设立了健美操俱乐部，但是整体的设施不够齐全，管理体系也较为混乱，一方面抑制了学生学习的兴趣，另一方面也造成了人力、物力的浪费。

首先，高校应该明确课堂教学与教学训练一体化模式的目标，即以校园文化的建设为基础，实现人才培养的最终目标，这就要求健美操俱乐部在建立的过程中，融入学校文化，有学校自身的特色；其次，健美操俱乐部在建立的过

程中，要明确各种分班，如教学专项班、健身俱乐部班、训练竞技班等，当然教师还应该对学生做出合理的指导，使处于不同学习阶层的学生报相应的俱乐部培训班；最后，高校体育科研室要加强和健美操俱乐部的联系，这就要求健美操教师定期开展组会讨论以及参加学校组织的各种培训活动等，毕竟大学生对新鲜事物的接受能力较强，教师只有做到与时俱进，才能更好地为学生服务，更好地指导俱乐部活动，充分发挥俱乐部的作用。

综上所述，高校健美操教学训练一体化模式构建的过程中，存在着教学观念落后、教学资金不足、教学手段有限等很多弊端。因此，这就需要教师积极转变自身的教学观念，从理论和实践两方面入手，提高学生的学习能力和水平。当然，高校的学生更应该从自身入手，积极分析自身的优势和劣势所在，将健美操学习作为一项长期发展的事业，以促进自身想象力、创造力等的发展。

第六章 高校健美操教学训练一体化的具体内容

第一节 合理设置选修课

随着当前高校体育教育改革的不断推进，作为一门新兴体育学科，健美操教学也应该响应高校教育改革的要求，结合自身特性研究出符合时代气息的、适合当代学生发展的教学方法。但是由于目前，我国高校健美操选修课现状堪忧，主要采用领操式的教学方法，在教学中还是以教师为中心，学生只能被动接受，这样一来就严重抑制了学生的创造能力。各高校教师在教学中往往忽视了健美操的健身、健美、健心的独特性，而且不注重学生能力的培养。

一、当前高校健美操选修课教学中存在的问题

高校健美操选修课由于受教师、教材、场地设施等因素的影响，存在教学内容较浅、教学方式单一、师资力量不足、场地设施简陋等问题。

（一）教学内容较浅

各高校健美操选修课教学内容没有统一的规定，教学内容较浅，缺乏理论知识教学。大部分就是依据本校实际情况，教师编排几套动作，没有形成一套

科学、完整的教学内容。各高校没有统一的教材，缺乏学习健美操的理论依据，只是老师教几套，学生会几套，学生凭借记忆力来学习，学习起来有一定的困难，从而使学生失去了学习的热情。

（二）教学方式单一

高校健美操选修课教学方式单一，多是领操式。现代化教学手段运用较少，多媒体教学在很多高校并未开展。健美操具有很强的直观性，教学过程中只是教师将一套动作分解串联讲解示范，学生对健美操学习缺乏直观感受。并且在这种教学方式下，老师作为主导，学生被动接受，严重抑制了学生的创造力，打压了学生的积极性。

（三）师资力量不足

各高校健美操选修课师资力量明显不足，实际需要远远超过了现有的教师数量。当前教授健美操课程的教师女性较多，男性较少，这一现象也直接误导了很多学生，使其认为健美操运动应该是女生的专属。高校健美操教师的学历与国家对高校教师的要求存在一定的差距。现有的一些高校健美操教师缺乏教学经验，没有较高的专业水平，不能满足高校健美操选修课对教师的要求，与健美操教学发展和创新需求存在差距，影响高校健美操的发展。

（四）场地设施简陋

当前多数的高校健美操教学场地选取在操场外围，没有专门的健美操教学场地，这样一来会使得学习健美操的学生，易受其他运动项目的影响，导致健美操教学无法正常开展。多数高校健美操教学也没有像样的音响设备，一般只有一台录音机。这样的教学设施导致教学效果较差，严重制约了健美操教学的开展，大大降低了学生学习健美操的兴趣。

二、高校健美操选修课教学的改进方法

针对以上健美操教学中存在的问题，笔者提出了一些改进高校健美操选修课教学的方法，以期能为今后的高校健美操选修课教学提供借鉴。

（一）更新教学内容

高校健美操教学中应突出健美操健身、健美、健心的独特性，建立以教材作为理论指导、综合运用教学方法、充满教学情感的完整、科学的理论体系。在教材的选取上有两点要注意：首先，突出健身，强调锻炼的重要性。其次，具有趣味性，使高校健美操教学具有感染力，符合大众健身的要求，突出时代感和民族特色。高校健美操教学内容应具有理论性、综合性、系统性。要突破传统教学模式，重视技术、素质、能力的培养，增加设计能力的培养和实践能力的训练。教学内容应遵守三个原则：首先，科学性，教学内容符合大学生发展的要求，教学动作自然流畅。其次，可操作性，教学内容从实际出发，具有可操作性。最后，针对性，教学内容应针对不同学生的特点，照顾到大部分学生的需求，不能忽视学生的个性化发展。

（二）改善教学方法

教学方法过于单一，缺乏启发诱导教学。为了提高教学质量，应突破传统的教学方法。在教学过程中，可以采取小组竞争制度，这种方法不仅培养了学生的音乐素养，还让他们体验到音乐的美。这种方法增强了团队协作，彼此之间互帮互助，同学关系融洽，活跃了课堂气氛。这种方法摆脱了老师的束缚，提高了学生的理解力与领悟力。还可以利用音乐、动作诱导学生，激发学生学习的兴趣；也可以安排比赛，让学生自我发挥，这样不仅可以充分提高学生的注意力，还可以检测学生的学习情况，提高教学质量。教师还可以利用网络平台，为学生提供健美操的优秀视频和最新动态，满足学生课下学习的需求；教

师可以在网络上为学生答疑，帮助学生课下锻炼学习。教师与学生互动，可增进感情，提高教学质量。

（三）加强师资队伍建设

教学组织的核心是教师，教师在教学过程中起着至关重要的作用。各高校应大力培养专业健美操教师，为教师提供进修的机会，提高教师的专业水平。高校应对教师进行专业培训，提高教学能力，巩固专业知识，掌握新的教学内容和理论，提高创新能力，丰富教学内容。高校应培养符合时代要求的教师，优化教师结构，调节男女比例，引进高学历的专业人才，提高教学质量。

（四）改善教学场地和设施条件

教学的场地和设施是教学活动开展必不可少的重要组成部分，教学场地和设施间接反映学校的规模与教学水平，没有好的教学条件，何谈有好的教学质量，好的教学条件是上好健美操课的基本保障。教学场地和设施的改善刻不容缓。改善教学场地和设施应注意以下几点：第一，要配备专用的教室，不能让学生的学习受到其他因素的干扰。教室尽量避免是水泥地，最好有一定的保护措施，避免学生受伤。第二，配备专业的音响设备和多媒体设备，使学生能够直观感受健美操的魅力。第三，教室应配备相应的设备器械，学生可根据自己的兴趣在完成教学内容后进行自我练习，这有利于学生的全面发展。

三、提升学生身体素质的策略

目前，我国大部分学校都已经响应国家号召，严格地提升学生的身体素质。不仅是学校，社会上的有关人士也开始关注健美操。健美操是体育运动的一种，是一项提升身体素质的运动，可以锻炼学生身体各个部分的肌肉组织。

（一）教学模式的更改

健美操选修课是学生喜闻乐见的一门课程，但是当学生接触到这门课程后往往都表示很失望，因为在教学过程中一般都是单调乏味的体操，学生对此失去了学习热情，所以教师应该注重教学模式的革新，打破常规，创新出多样化的健美操。在健美操课程中，教师应该研究出新型的教学方法，激发学生学习健美操的热情。在进行健美操教学时，教师可以运用学生好奇心强、精力旺盛的特点来改善教学模式，可以选择一些具有挑战性、游戏性的体操，也可以选择一些学生喜欢的歌曲进行教学，一定要站在学生的角度进行创新，把学生放到整个教学环节的主体地位上，从而达到预期的教学效果。

通过教学模式的改革，使多元化教学模式代替单一的教学模式，有效提升健美操课程学习的效率，让学生在整个学习过程中保持高度集中的注意力，培养学生的兴趣，提升学生的身体素质。

（二）教学内容不能太单一

学生一般有比较强烈的表现欲，所以在健美操过程中加入游戏元素是再好不过的了。健美操概念范围是非常宽广的，把健美操当作游戏一点都不为过，学生在游戏中进行学习，在健美操中玩游戏，一举两得，不仅起到锻炼心理素质的作用，身体素质也得到了提高，使学生对健美操的印象更加深刻。与此同时，实施这种教学方法时一定要考虑初学者，选择适宜的学习内容，对于初学者要选择难度不大的。比如，选择音乐节奏比较慢的歌曲和动作量比较小的歌曲，并且音乐要比较活泼，能够烘托气氛。

（三）构建教学评价系统

教学评价一直都是教师鼓励学生的重要"工具"，但是以往的教学评价都太单一，教师只是根据规定数值进行评价，没有创新。教师在考评过程中，应该对学生的成绩负责,尽量给出肯定的评价,让每一位学生都能在考评中获得学习动力,体会健美操的魅力。这是一种对学生的鼓励和认可,也是对健美操课程的尊重。例如,某位学生因为考核过程中出现了忘动作的情况,教师要给予一定的帮助,同时还要积极地调动现场氛围,防止学生过于紧张,若学生想到了动作,教师要给予一定的鼓励,少扣除一些分数,这样学生就会对教师产生好感,间接地爱上健美操。教师的奖励能让学生获得源源不断的能量,帮助学生提升自信心,使学生的身体素质更上一层楼。

(四)创造良好的学习环境

在健美操教学过程中,为了达到提升学生身体素质的目的,有可能会借助先进的教学器材。而在借助教学器材时,一定要选择干净卫生的教学器材,杜绝脏乱差的教学器材,避免影响学生上健美操课程的心情,抑制学生的身体素质发展。

四、高校公共体育选修课中健美操教学的组织

(一)高校公共体育选修课中健美操教学的组织形式

按照高校现执行的教学体制,公共体育选修课健美操教学的组织方法具有较强的教师个人自主性。

1.自愿性松散组织

健美操选修课的双向性决定了师生之间的自愿性,尤其是学生对课及其教师具有选择决定权。尽管在学生选定后就要接受各种制度和纪律的约束,但相对于必修课及其严格的考核制度,无论是教师教学要求,还是学习考核等,教师都具有较大的自主权,学生难免会为了功利性的学业考核目标,在学习中不严格要求自己,表现为个人纪律观念差、技术技能要求低、学生之间的协调

性差与团队意识低等。例如，上课迟到、缺课现象严重，学生在学习中不能认真地学习和练习，以及学生学习兴趣高但日常运动的耐性差等，这既影响了教育教学的质量，也导致学生对选修课认可度低。另外，选修课的学生来自不同的班级、年级、专业甚至院系，是健美操选修课临时班级缺乏凝聚力的重要原因之一。

　　2.兴趣性自觉组织

　　因为兴趣而学习健美操，是高校公共体育选修课健美操能高效开展的积极动因。他们从个人兴趣、爱好和特长出发，以志趣相投的方式自觉地组织起来，他们的学习具有积极性、主动性、创造性与协作性。教学实践中，他们因为兴趣而主动选修健美操，没有学业考核的强制性，也没有因为其他同学的选择而盲从，选择课程与教师是他们完成选修的一种程序。因此，他们一方面会以关系紧密的团队开展高度自觉的学习活动，另一方面会以某些特长者、优秀者与活跃者为核心组建属于自己的社团，把选修课的教育教学与个性兴趣的自学结合起来。在这种组织模式下，教学组织对教师而言是简单、轻松的事，他们只需要备好课、准备好教学内容与设计好教学环节。

（二）提升高校公共体育选修课中健美操教学组织绩效的思考

　　高校公共体育选修课的特殊性，决定了健美操需要依托教师和健美操自身的魅力，在吸引和带动更多学生关注的基础上，以健美和健身的优势激活与培养学生学习和日常运动的兴趣。

　　1.建立健美操常规活动机制

　　学校在既有的教育教学和学科设置的框架内，推动健美操活动常规化、常态化与大众化，建设健美操选修课高效教学的学校制度环境。具有操作性和实效性的做法有以下三种：第一种，把健美操与大学生早操并列实施。按照高校现有的作息制度，学校把健美操与早操一并施行，让学生在做完早操后再做一定时间长度的健美操，使健美操运动得到最大范围的普及，以此来推动学生积极学习。第二种，开设健美操活动的专门时段与专职区域。学校可以把正常工作日下午的课外时段或周末的某个时段作为专门时段，划出学校内的某个特定区域为专职活动区域，让不同院系、不同班级与不同年级的学生，开展斗舞、编舞与训练活动，以营造健美操活动氛围。第三种，建立健美操常规活动的激励机制、考核机制与保障机制等，对表现突出的教师、院系整体、班级、社团、学生个人，给予适当的精神、物质鼓励或激励，如给予教师和学生荣誉称号，给予优秀团队统一服装的支持等，建立与组建健美操活动的核心辐射团队，使其发挥强力的带动作用。

2.开发健美操教育教学的学生资源

作为选修课的健美操，评价其好坏的最重要的标准就是学生及其学习情况。学校和教师充分挖掘学生中蕴藏的教育教学资源，使他们在发挥示范与榜样引领作用的基础上，去感染、带动与教育其他同学，对健美操的教学与学生体质的改善是事半功倍的有效举措之一。对学生吸引力较大的有三类资源：第一类，健美操学生自身的优美形体资源。教师在日常的教学中，有意识地选择那些体形美的学生，作为教学过程中的领舞者，把他们个人及其健美操运动的状态，作为一种具有示范和榜样作用的资源，激活与提升学生的爱美之心，引领其他学生积极地开展健美操学习和运动，以追求良好的外在形体形象，助力个人的事业和生活。第二类，健美操爱好者学生的健美操技术技能资源。健美操爱好者学生作为健美操选修课的积极分子，他们会在课堂内外积极地展示自己。教师可以把他们培养成自己的助教，让他们在课堂上帮助教学，在课外开展训练或复习性的教学，使健美操学习与运动渗透到学生学习和生活的各个环节中。第三类，特长学生的健美操创新资源。特长生会根据自己的需要、兴趣与个人目标等，开展更多的健美操创新活动，如有舞蹈基础的学生会把舞蹈元素融入健美操，有某种武术基础的学生会把其改编为健美操，以及有音乐才华的学生他们可以为各种健美操编曲。教师要从学校实际、学生实际与教育教学实际出发，注意搜集、整理与开发学生资源。

（三）高校公共体育健美操选修课的教学组织注意事项

健美操是一门选修课，教师需要运用制度的强制性与激励性去加强学生的纪律管理，如对不遵守课堂纪律的学生给予严厉的批评甚至学业处分等。教师要运用健美操的时尚性引导学生树立科学与切实的时尚价值观，在科学的健美操运动中收获健康、健美与快乐；营造健美操校园文化氛围，通过组建健美操社团、组织健美操日常锻炼活动等，使健美操融入大学生学习、运动和生活的方方面面。

高校公共体育选修课的健美操教学组织，既有其他公共选修课的共性，也有健美操运动自身的特点。学校与教师既要在教育教学体制内，发挥制度的刚性管控作用，更要运用健美操自身的时尚性、形体优化健美作用，培养大学生对健美操的兴趣，使其树立科学健身意识、终身体育意识与个性化体育意识，为他们未来的职业发展、社会交际塑造良好的个人外在形象和健康体质。健美操作为体育运动中比较特殊的项目之一，在进行专项训练的同时还要注重学生的主体地位，因为学生对健美操的兴趣和热情是学习健美操的关键因素，是提升学生身体素质的重要源泉。健美操课程是一项系统工程，要一步一个脚印地进行，不能操之过急，所以要根据学生的体能特征，有针对性地进行授课。

由于健美操是一项新式的体育运动，目前在我国高校开展的健美操选修课还没有形成一套科学、完整的理论体系。健美操教学内容比较浅显，没有统一的教材，缺乏理论知识教学。健美操教学内容不具有实用性，对于理论知识涉及较少，实践课多采用机械式的教学形式，缺乏创造性。健美操教学方式过于单一，缺乏诱导性教学，与现代教学结合较少，无法直观体现健美操的魅力，严重影响了学生创造力的培养。健美操师资力量明显不足，教师缺乏教学经验，没有较高的专业水平，不能满足高校健美操选修课对教师的要求。大部分高校没有专业的场地设施，场地设施简陋，影响教学效果。学校应该不断丰富与更新教材及教学内容，改善教学方法，加强师资力量建设，改善场地与设施条件，以有效推动健美操教学持续发展。

第二节 引入俱乐部形式

作为高校体育教学课程中的重要组成部分，健美操课程是非常重要的教学内容，其对学生自身体育素质方面的培养具有十分重要的意义，并且是广受学生喜爱的一类体育课程。健美操俱乐部教学模式的应用也是健美操教学活动中的一个重要的研究方向，其可以更好地对以往传统的健美操教学形式进行改进。本节对课外健美操俱乐部教学改革工作的开展进行探讨。

在高校体育教学工作开展的过程中，俱乐部教学模式逐渐受到更多的关注，并且在实际推广应用的过程中取得了很好的效果。课外健美操俱乐部教学模式在实际应用的过程中，可以更好地激发学生的学习兴趣，对学生身心素质的提升和综合能力的发展具有十分重要的意义。

一、普通高校课外健美操俱乐部开展的意义

（一）推进高校体育教学改革工作的开展

在当前高校体育教学改革工作开展的过程中，课外健美操俱乐部模式的应用，对健美操课程进行了优化。这种模式的应用，给予了学生更多的参与健美操运动机会。学生能够在实践活动中更好地实现不同的体育教学目标。课外健美操俱乐部的应用，实现了对学生运动技能、身体健康、心理健康、社会适应等多方面的培养，使学生形成了更加健康的生活方式，这是当前高校体育课程改革工作的一种重要的推动力量。

（二）提升学生参与体育运动的兴趣

课外健美操俱乐部提升了学生参与体育运动兴趣，让学生对健美操这项运动有了更加深刻的认识。课外健美操俱乐部模式的应用，丰富了当前的教学模式，同时结合学生的实际情况，依据学校具体教学设施的配备情况，让学生可以更好地进行参与，增强了相关体育运动项目的普及效果。另外，参加课外健美操俱乐部的是许多有相同体育运动爱好的学生，他们汇聚一堂，可以营造一个更加令人愉悦的氛围，在这一氛围中，学生能够更好地参与到健美操运动中，感受运动的乐趣，这对学生参与健美操运动来说是一个良性循环。

（三）让课内教学得到更好的延伸

课外健美操俱乐部教学模式在实际应用的过程中，实现了对健美操课内教学的有效延伸。教师可以结合学生的具体情况，对课外俱乐部的一些活动进行安排，更好地填充学生的课余时间。在这一过程中，教师可以利用针对性的手段，分别对学生进行指导，结合不同学生的运动情况和健美操技术水平开展教学活动，进而增强教学效果。

（四）促进教师教学水平的提升

教师应不断提升自身的教学能力和教学水平，这样才能更好地保障新时期体育教育工作的开展效果。在应用课外健美操俱乐部教学模式的过程中，教师可以更好地在其中探索新的教学方法和新的教学模式，体会和认识到现有教学活动中的不足和问题。在这一过程中，教师的主动性能够得到更好的发挥，进而更好地提升教学活动的创造性，提升整体教学能力和教学水平。

二、俱乐部教学优势

（一）重参与，轻考核

俱乐部教学不再以考试成绩为唯一考核标准，更加注重学生的态度和参与性，将考勤量与最终考核相结合，一学期的上课学时达到要求即可参加考试，平时成绩占总成绩的比例大于最后考试成绩，这样一来，学生的主动性增强，不再纠结于考试，上课时会非常轻松。

（二）使教师、学生、学校资源得到充分利用

俱乐部教学可以让学生根据自己的时间来选择课程，不必因为课程冲突或者没有时间而错过学习。同时，一周基本上每天每个上课时间段都有教师上课，这样学生可以根据自己的时间来上课或者跟课，达到重复学习的目的。教师也不再是原来的固定课时量，而是根据学生的情况，随时准备上课，随时备课，对自身要求更高了，这样一来自己的教学水平也会随之提高。学校资源之前总存在集中利用，闲时闲置的现象，俱乐部教学可以让场馆的器材得到充分利用。

（三）关注学生需求，发展学生个性

俱乐部教学不必拘泥于教学大纲考试的内容，而是根据每个学生的实际

情况设置教学内容，从初期的简单乐感，到后期的简单组合、成品动作，到最后要求每个学生自己选择音乐编排一段健美操。这样的好处是从学生的角度理解健美操，让学生真正理解健美操的内涵，同时培养学生理解、讲授、表演、竞赛的能力，发展学生的个性。

（四）为学校的竞技运动储备人才

传统体育课的教学大纲里所固有的教学内容包括很多竞技体育项目，可教学内容单一枯燥，趣味性差，学生学习和参与的积极性较低，因此课外时间继续参加体育活动的兴趣较低。而俱乐部教学结合课堂教学、课外体育活动、课外体育竞赛、课外体育训练一体化，使学生对该运动项目有更加深入的了解和认识，不仅能够学习运动知识、技术和技能，更能学习实战经验。对于一些爱好运动或者运动技能水平较高的学生，教师可以进行深入辅导，成立业余训练队。

三、基于俱乐部模式的高校健美操教学思路

随着高校体育新课改的日益深入，洋溢着时代气息的健美操运动的形式多种多样，深受当代大学生的喜爱。大学生积极参与其中，健美操以它独特的方式展示青年学生的魅力，对增强大学生体质、丰富业余文化生活起到了重要作用。为此，国内高校纷纷开设健美操形式的体育选修课，旨在结合人才发展的兴趣特点，逐步构建特色校园文化，为培养时代新人做出积极努力与有益的尝试。但由于教研工作力度不足，缺乏教学模式的实践探讨，使得健美操运动在部分高校过热之后，如昙花一现，逐渐销声匿迹，不免令人顿生兴叹，难免要问：高校健美操运动应何去何从，建构怎样的教学模式才更合理、更科学呢？

（一）走出误区：基于高校健美操运动问题的深度思考

1.教学内容过于单调，影响了课堂氛围

大多数高等学校的健美操教学内容较为简单，教学课件基本以大众化的健美健身操为主。如此这般，大学生能够获得的健美操信息极为有限，并且课堂实际教学内容过于单调，学习起来枯燥乏味，这使大学生的兴趣极低。这必然会影响课堂学习氛围，对热衷于健美操运动的学生的积极性造成严重打击。另外，在如今的体制下，不少健美操执教者传授热情不高，因循守旧，一成不变地教授着一本教案，教学内容毫无变化，并且不符合时代的发展要求，学生失去兴趣也就在所难免。

2.教学手段过于单一，阻碍了教研深度

就目前高校教学过程以及教学手段而言，刻板、单调、无活力是其主要特征，过于常规的教学方式营造不出良好的课堂氛围，对健美操的教与学起不到积极作用。许多高校健美操课堂教学过程始终秉持一种惯例，先热身，再复习，后学习新动作，通常是以练习为主，乏味而枯燥。同时，从教学手段来看，在教授过程中，教学方式千篇一律，一味强调生硬地教、牵强地学，注重的仅仅是动作是否已经学会，往往忽视动作的连贯性与表现力以及情感的调控与把握。在教学过程中，师生的角色定位、教学方式的局限造成课堂中学生的学习积极性不高，不能更好地彰显大学生的积极面貌，所以阻碍了高校的教研深度。

3.教学评价过于陈旧，遏制了后续发展

现阶段众多高校对健美操训练过于形式主义，对于教学的评价只注重是否能够独立完成动作，对健美操运动中的动作连贯性和情感表达不够重视，忽略了学生的创造力，没有更好地启发学生对动作进行创造与编排。针对这样的实际问题，如何结合教育部新课改纲要，落实完善教学评价已成为当务之急。

（二）开动脑筋：基于俱乐部教学模式导入的可行性分析

秉承终身教育、健康至上的俱乐部健美操教学模式，能够活跃、充实高校健身体育课堂，系统达到美体健心的目的。

1.高校健美操体育适时导入俱乐部教学模式的必要性探讨

课改之前的高校体育教学重在运动技术的训练，课改之后高校体育思想注重将运动技能、身体发展与激发锻炼兴趣相结合。选修健美操体育课可以基本满足大学生健身健美的锻炼需求，但由于运行机制不灵活，在经历一段一成不变的训练后，很多大学生已经没有了原本的热情与兴趣，又因过度强调动作要领，大学生已经难以接受那些生硬的套路，慢慢兴趣索然，很少有人主动参与，实际成效与学习健身操的初衷相去甚远，难以达到预期的教学目的。随着时代的发展，传统的教学模式已经无法与现代高校校园文化理念、大学生审美观相提匹配，而继续沿袭传统枯燥的健美操教学模式，满足于简陋的教学环境，不管不顾大学生的学习情绪，无疑在做无用功，教学效果极差。而俱乐部模式的课堂不仅具有鲜明的时代节奏，而且教学内容更加丰富，动作简单而富有朝气，符合青年人张扬个性、昂然奔放的特点，对激发体育兴趣、展现运动情趣更为有益，更能为大学生所喜闻乐见，更易于青年学生接受。

2.高校健美操体育及时导入俱乐部教学模式的可行性分析

提倡"健康至上""终身体育"理念的俱乐部体育课堂模式，全面与新课改的要求相吻合，将其导入健美操体育教学之中势在必行。俱乐部模式下的健美操课堂鲜明的亮点在于教学内容丰富，不仅仅局限于传统健美操，有氧运动、全民健身系列、团体操、各种轻器械等新形式的教学内容可以让有不同需求的学生进行自主选择。这样的课堂内容才符合当代大学生的运动、审美需求。同时，俱乐部教学模式彻底摆脱了传统体育的陈规俗套，新颖灵活，富有朝气，多元化的教学评价能够进一步满足当代大学生的情感与个性化需求。

（三）启动思路：基于俱乐部教学模式应用的实践探析

遵循不断探索、不懈钻研的求真精神，笔者开展了所在院校健美操选修课导入俱乐部模式的实践教学研究。

思路一：因势利导，以激发学习兴趣为先。实践表明，健美操俱乐部教学模式更有益于激发大学生学习体育的兴趣，使得大学生进行健身锻炼的热情空前高涨，拉丁操、搏击操、街舞、啦啦操等教学形式灵活多变，人人可以交流心得，探讨健身体会，课堂的现场气氛异常热烈。而俱乐部教学模式的介入，使得灌输式的教学方式黯然退场，教师变身教练闪亮登场，在师生互动交流中，课堂节奏明快，最大限度地让大学生携手参与，共同探究，共同营造和谐共勉的良好教学氛围。同时，重复练习简单的动作组合，容易使大学生获得成就感，获得成功的快乐体验，进而激发探索欲望，能够使大学生以饱满的热情，全身心投入健身、健美、健全心智的体育运动中。

思路二：锲力共担，以减轻学习压力为要。从课后调查的疲劳程度统计表来看，重在有氧运动的健美操锻炼，尽管存在一定的运动量，课堂之上往往要汗流浃背，但由于强劲伴奏音乐的激情介入，教师奔放热情的节奏引领，使得大学生劳其筋骨却尽享愉悦，即便马上投入枯燥乏味的学科学习，也能够快速进入最佳状态。由此可见，将俱乐部模式导入健美操选修课教学实践，不仅有利于大学生健美健身，而且对减轻学习压力，促进其他学科学业发展也有益处。

思路三：张扬个性，以促进大学生全面发展为重。相对而言，俱乐部教学模式有利于大学生创新能力、个性的发展。譬如，自排自导的《热烈青春》健美操，就是笔者鼓励学生展示自我的最好验证。整个编排过程，教师将动作的设计以及伴奏的选择放手给学生，动作组合得当与否，教师只做旁观者，如有需要，只是提出一些建设性的意见，至于训练效果，也让学生自己研究分析。有道是："三个臭皮匠，顶个诸葛亮。"大学生仅靠自己的力量就成功地编排出一个充满时代气息、展现当代大学生魅力的健身操，汇报演出那天，整个校园掌声雷动，经久不息。

实践证明，通过俱乐部教学模式开展健美操实践教学，有益于大学生全面发展，不仅让大学生充分展示自我，而且培养了个性。在实践教学中，教师应给予热情鼓励，系统拓展学生自我发展的自由空间，进一步培养学生自我分析问题、独立解决问题的能力。

四、俱乐部教学模式在高校健美操中的具体应用

（一）制定契合实际的教学大纲

目前来看，俱乐部教学模式在高校健美操中的应用还不是很完善，还有很多需要进步的空间。比如，健美操教学的教学大纲还有待更加具体化、实际化。一个切实可行的教学大纲，应该具有明确的学习目标、明确的学习内容以及促进学生和教师共同发展的考核标准，这样才能使学生的能力得到更好的发展。俱乐部教学模式的重要优势在于其教学体系是面向全体学生的，设立了不同的学习层次，满足了学生的不同需求。例如，俱乐部教学模式的教学目标不是单一的、孤立的，而是分为三个不同的等级，每一个等级的侧重点不同，要求也不同。学生只需要完成自己可以完成的目标即可。初级教学目标是最基础的目标，能够强健身体即可。中级目标则是培养学生的兴趣和技能；高级目标则是能够培养学生的创新意识。通过制定可行的计划，再加上师生的配合，健美操的教学质量得到了提高。

（二）丰富教学内容

时代在不断发展变化，教学内容、教育理念也在不断更新发展。健美操教学同样应该结合时代变化，根据时代的特点设计其教学内容。①转变教学观念。健美操教师的教育思想应该与时俱进，跟随时代的发展步伐，转变理念，不断吸收新的教育思想。②丰富教学内容。教师不能仅仅停留于转变教学理念的层面，还要不断地在教学实践中吸取精华内容，与时代结合，不断提高课程内容的丰富性，制定更新的、更科学的教学设计，利用不同的现代化媒体收集相关的音像资料，不断充实教学内容。③整合教学内容。教师在教学实践中只有整合所有的教学资源，全面整合教学内容、教学信息，才能更好地增强教学效果。

（三）发挥榜样的激励作用

在科学技术和信息技术飞速发展的现阶段，多媒体网络与人们的日常生产生活的关系越来越紧密，学生能够从电脑、智能手机、平板等各种工具上看到各种各样的信息。由于这个阶段的学生还没有形成稳定的人生观、价值观，思想上还不够成熟，不能全面地考虑问题，不具备很好的分辨能力，受网络不良信息的影响较大。在教学中，教师应该重点关注学生的行为和思想，并对其进行正确引导，让他们形成正确的思想和观念。一般学生都喜欢追星，有崇拜偶像的心理，对自己的偶像比较佩服和信任。健美操教师在平时的教学活动中可以充分利用这种心理，多给学生介绍相关的名人故事，用偶像的榜样力量激发学生的学习热情和学习兴趣；还可以组织各种形式的活动，如小组比赛、团体竞赛，让学生在活动中感受团队协作的重要性，增强责任感与团队意识。

（四）创新教学方式

任何事物都是在发展和变化中前进的，需要在变化中调整和进步。教师在教学活动中也应该结合实际不断调整、创新教学方式方法。比如，在课外，教师可以组织丰富多样的健美操比赛，丰富教学内容；在教学过程中，教师可以运用小组的形式开展教学，让学生在团结协作中更好地学习，增强课堂的教学效果。需要注意的是，学生在自身身体素质和知识水平、接受能力等方面存在着不同的差异。因此，教师在上课过程中，应该采用丰富多样的教学形式，要充分关注和了解学生的身体水平和身体素质，全面考虑，因材施教，让每一位学生都能够轻松愉悦地参与每节课程的学习，享受健美操运动的无限魅力。

第三节 拓展课程领域

在高校的体育课程体系中，健美操课程有着至关重要的地位，对于提升学生的体育素养和审美素养等有着至关重要的作用，所以要高度重视高校健美操课程的研究和实践。高校要针对高校健美操课程领域进行不断的拓展，使其逐步完善和优化。基于此，本节重点探讨和分析高校健美操课程领域的拓展内容，希望本节的分析可以为相关从业人员提供一定的启示。

在我国的高校体育教学过程中，健美操课程开设已经有一段时间了，然而大部分高校在课程推进过程中，不管是教学模式，还是授课内容等方面都没有太大的进步和创新，在课程领域方面也没有优化和拓展。针对这样的情况，就需要着重针对高校健美操课程领域进行不断的拓展，使其更能引起学生的学习兴趣，如此才能使健美操课程教学效果得到更显著的增强。

一、高校健美操课程传统教学模式的不足

高校在健美操课程的传统教学模式构建过程中，其核心是技术锻炼，模仿并完成相对应的规定动作，然后把课堂作为核心，虽然这样的教学模式在一定

程度上可以使学生的身体素质、协调能力等得到一定的提升，使其心肺功能得到不断的锻炼和强化，但是这种传统的健美操教学模式，在构建的过程中也有很多方面的不足。具体而言，主要表现在以下几个方面：首先，传统健美操课程内容比较单调，通常情况下要在两年之内学会 2～3 套健美操动作，在这样的情况下，使学生的健美操素养和综合素质等无法得到显著提升，而在这种教学模式下，健美操的基础动作、步伐和专业理论等方面的教学往往无法实现既定目标。因此，学生没有使自身的健美操知识结构和技能结构得以健全完善，也没有真正体会到健美操的真谛。其次，在具体的课程教学环节，教师往往采取灌输式教学模式，学生的主体地位没有真正得到体现，往往被动地接受知识，其主观能动性和自主探究精神被严重限制，无法提升自身的创造性、综合能力。最后，在考核过程中往往沿用传统落后的考核模式，让学生做出一套规定的动作，更加重视学生跳的技能，考核内容特别局限，存在严重的思维定式，并没有真正意义上体现出因材施教的基本原则。

二、高校健美操课程领域的拓展策略

高校传统健美操课程领域比较僵化，教学内容受到很大限制，对此需要进行深入的拓展，使其更加丰富多元。例如，针对课程教学内容，可以进一步拓展基础步伐、有氧健身操以及更具有个性化的流行操，例如搏击操、街舞、哑铃操、塑身瑜伽等。在理论方面，要创新训练模式，针对各个领域进行不断的拓展。具体而言，所涉及的课程领域的拓展策略主要有以下几个方面：

（一）针对教学内容和形式进行不断的拓展

在具体的教学过程中，基础阶段所涉及的教学板块主要包括基础的动作和步伐、健美健身操等。在热身运动环节要有针对性地进行头部、颈部、腹部等相关部位的操练，使学生为接下来的健美操运动做好身体上的准备。在教学过程中，教师可借鉴西方的健美操教学中的连接法，对健美操课程内容进行有效整合和递进，每个回合增加一个动作，通过不断递加，从部分到整体，使教学内容得到不断拓展和延伸。这样能够充分优化配置，温故知新，使运动强度由弱变强，使学生的协调能力得到显著提升，并使其心肺功能进一步增强。在教学过程中，教师可对动作编排和设计环节进行不断创新和完善，有针对性地加入比较有特色和新潮的组合。例如，可以加入搏击操组合，或者播放乐曲进行操练，这样能够使学生的动作表现力更强。

（二）针对健美操课程的考核内容进行有效拓展

通常情况下，在针对健美操课程进行考核的过程中，所涉及的内容主要包括 4 种组合动作，而这部分组合动作要在第一学期的下半学期每节课的预备阶段有效完成。在考核的过程中，要留给学生 10 分钟左右的时间熟悉健美操的相关要点内容，并结合自身的实际情况进行切实有效的热身。在具体的考核环节要进一步拓展考核内容，在整套健美操考核的基础上，针对必须掌握的内容和学生的创编能力等相关情况进行评价。同时，要针对专项素质进行有效测验。例如，要确保学生能够有效做到连续 4 次高踢腿，连续 4 个俯卧撑以及连续 4 个仰卧起坐和交换腿弹踢等。同时，要在理论层面进行有效考核，在这个过程中，可以通过抓阄等方式，对学生的口头表达能力进行考核，一人对三题进行答辩，所涉及的答辩内容主要有健美操的训练方法、创编动作应该遵循的准则和乐曲挑选等相关内容。除此之外，也要让学生结合自身的实际情况，制定一套与之相对应的训练计划，教师有效考核计划的科学性、合理性和高效性。

（三）由常规课程向非常规课程进行拓展

健美操课程逐步由常规课程向非常规课程过渡，在这个阶段中，对所涉及的内容和舞蹈艺术进行充分融合，教学模式也进一步向着学校舞蹈社团和体育俱乐部教学模式靠近，让学生在舞台表演、体育竞赛、团体操演练等方面的能力显著增强。首先，要针对课程领域和组织模式进行有效优化，确保学习内容更加丰富。除了健美操选修课之外，教师要通过学校学生会创办健美操社团等，并指定专业教师在相应时间内对学生进行切实有效的指导，让有兴趣爱好或者特长的学生能够在课后更深入地学习和接触健美操，在学校社团中多多参与健美操活动或者比赛。其次，也可以通过竞赛表演的形式，使学生的舞蹈和健美操基本功得到充分的展现。

（四）由显性课程向隐性课程拓展

在健美操的显性课程中，主要包括理论技巧等相关方面，但是比较内化的隐性需求一般不被人关注，其隐性需求主要是情感、意志、性格等相关方面的需求。使显性课程向隐性课程拓展，主要指的是，无论是常规课程还是非常规课程，不仅要讲授技巧理论等，还要针对学生的非智力元素进行有效拓展。除此之外，要进一步培养学生的道德品质和意志，使其养成良好的学习习惯和审美能力，培养学生的完美人格，塑造学生的性格，使其展现出全新的精神面貌。

（五）双管齐下，建立良性循环

在健美操教学训练新模式的探索过程中，除了要充分发挥高校所起到的主导作用之外，同时还要与多方资源进行联合，实现资源共享，为健美操教学训练一体化模式建立得更加完善提供有力的外界保障。秉持着"打铁还需自身硬"的这一传统观念，在健美操教学训练的过程中，教师要积极探索更加具有适应性的全新模式，勇于创新并敢于突破，从教学形式及内容等相关方面来进行探索、改革，争取做到与时俱进。对课堂教学模式进行探索及创新的内容主要包括以下两个方面：第一，在健美操教学过程中，要做到理论与实践相结合，切忌忽视理论的重要性；同时也不能对理论知识过分重视，而导致实际训练时间被压缩。在讲授健美操知识的过程中，一定要与实际操练情况相结合；在教学过程中，应采用边学、边教及边练这一形式，对学生的专业技能及应用能力进行培养，使学生在实践训练过程中吸收消化相关专业理论。第二，进一步提高课程设置的科学性。目前，高校将体育类教学当作通识教育的一种，是所有学生在学习过程中必须接受且有学分的一门学科。在这一前提下安排课时及课程的时候，就要更为全面地考虑选修及必修等方面的多样化，做到既能够依照课程的标准及考核指标，同时又能够灵活地进行掌握，使得健美操的课堂教学效率及质量得到进一步的提高。在创新、摸索健美操全新课堂教学模式的过程中，必须紧跟潮流，实时关注行业动态及发展情况，积极跟民间及社会团体进行对接，通过多样化的形式，如竞技比赛等来对授课及训练进行检验。在健美操训练过程中，必须关注训练强度，在编排动作及训练时长等相关方面进行良好有序的安排、调度，做到循序渐进、持续前进。与此同时，将检验结果与训练过程进行充分的结合，秉持着走出去这一策略，不断地组织学生进行学习、交流、比赛。授课教师应及时了解所在领域的最新发展趋势，为提高课堂教学质量及效率提供更多的事实参考依据，进而实现健美操教学、训练的良性循环。

三、高校健美操精品课程资源开发与利用境况

如今"互联网+"、慕课、微课、视频教学的出现不仅冲击着传统教学方法、手段，而且也进一步要求各高校积极改革现有的教学资源。我们应该从健美操课程资源的拓展与利用等角度，认识健美操课程资源开发与利用的重要意义。《全国普通高等学校体育课程教学指导纲要》中明确指出"因时因地制宜开发和利用各种课程资源是课程建设的重要途径"。

（一）拓展健美操课程资源渠道多样化

1.课程资源构建的首要因子——教师

一个学校一门课程的建设发展与该课程的师资密切联系，强大的师资团队是课程建设的坚实后盾。首先，健美操课程资源主要包括理解并掌握健美操课程素材，同时乐于为教育事业奉献的教师、专业的教育管理人员、该领域的学科专家及研究人员等；其次，还应包括能提供资料的学生、家长及大众，因为这些"部分"才是精品课程建设的重点。现阶段，部分高校健美操教师专于科研，缺乏对实践课程资源的开发、识别，这将影响课程资源开发的进展和效果。因此教师具有课程资源观是健美操课程资源开发与利用过程中必不可少的。换句话说，每一位教师都应该以自身的特长、经验、个性特征、兴趣爱好等并结合教学环境运用批判性的精神大胆创新教学模式，同时也可以根据自身经济条件自费参加一些培训，将所学的动作组合运用于健美操教学中，自行编排教学内容与教材。所以，优秀的教师队伍是课程资源开发必不可少的。

2.积累健美操课程资源

彭文革在《高校健美操精品课程建设的认识与思考》研究中提到，课程建设首先要通过整合优质资源，努力改善团队结构，提高教师的业务水平，打造优秀教学团队；其次要精选教学内容，优化课程内容结构，建立健美操大课程体系；再次，以休闲的理念为指导，促进高校健美操教学、训练和课余锻炼的有机结合，从而丰富校园健美操文化和校园文化，优化健美操课程教学方法和手段，以一体化教学实践为平台，创建开放的网络教学系统，提升大学生的身心素质。如今由于社会对一专多能人才的需要，大学生不满足于课堂上学习传统健美操的单一内容，他们开始通过社会、健身房、互联网、一些专门贡献健美操视频的网站等途径进行学习并对健美操项目中的健身课程、团操课程富有浓厚的兴趣。通过校内外不同渠道来锻炼学生，可提高他们的体育修养，使其提早适应社会。

教育部发布了《关于启动高等学校教学质量与教学改革工程精品课程建设工作的通知》，鼓励我国各大高校建设"五一流"精品课程：一流教师队伍、一流教学内容、一流教学方法和手段、一流教材、一流教学管理的示范性课程。在健美操精品课程建设中可有机结合大众健美操（1~6 级）、有氧踏板、有氧舞蹈、搏击、瑜珈、街舞等，强调课程资源的组织由此及彼、由表及里、由易到难、由简单到复杂，并结合学生的身心发展情况，增强学生对健美操知识的实际应用能力。

3.互联网平台在健美操课程资源中的运用

随着社会的不断进步，网络的发展，健美操教学资源平台也越来越丰富。体育产业的发展需要科技，同样健美操的发展也需要科技、可以通过"互联网+"、慕课、微课、视频教学，最大化地丰富学生的健美操教学内容。学生可以根据自身的空闲时间进入互联网平台学习，练习课上没能及时跟上的动作。。

（二）选择性地开发课程资源

正确地开发课程资源也是非常重要的，因为社会上不是所有的健美操课程资源我们都能开发利用，必须依据高校的实际情况并理论联系实际、具体问题具体分析进行筛选。总而言之，开发或利用健美操课程资源时，应从以下几个方面进行：

（1）"零"基础性。基础不牢，地动山摇，健美操也不另外，开发课程资源时就要从基础抓起，同时也需要考虑完全没有基础仍然需要学习这门课的学生。所以，教学内容要兼具健美操基础知识与基本技能。

（2）实用性。教师尽心尽力挑选课程资源，最终是为学生服务，所以在开发健美操课程资源时要注意学生的个体差异（速度、柔韧、灵敏、力量、耐力）以及接受能力等，并尽可能使之与学生的各项指标相匹配，这样不仅有助于提高学生对健美操学习的兴趣，而且可以培养学生积极的学习态度。

（3）全面性。简言之，健美操教学目标的实现需要组合多种课程资源，如体育舞蹈、街舞、芭蕾、有氧大众、操化等。因此，在拓展课程资源时，教师应综合考虑诸多方面的因素。

（4）实惠性。在开发利用课程资源的过程中必然涉及人力、物力的投入。因此，在开发课程资源的过程中必须合理有效地利用各种资源，结合实际，降低开发成本，以最小的投资获得最优的成绩、使参加训练的学生和教练都能满意，从而使健美操课程资源的开发与利用率达到最大。

第四节 组建教师团队

健美操作为大学体育课程内容，健美操教师的教学能力是健美操教学质量的重要保障。本节在探讨体育教师教学能力重要性的基础上，结合健美操教师教学能力指标体系，分析了影响健美操教师教学能力的因素，提出了高校健美操教师教学能力的提升策略，旨在提高高校健美操的教学质量，为高等院校的学校体育发展奠定良好的基础。

一、体育教师教学能力的重要性

（一）体育教师的教学能力决定了体育教学的质量和效果

体育教师的教学能力决定了体育教学的效果和教学质量，决定了体育课程教学目标的完成情况。体育教师的基本教学能力包括对教材的把握、教学方法的运用、教学过程的组织与调控、教学反馈信息的应对能力等，体育教师的特殊教学能力包括技术动作的示范能力、纠正错误动作的能力、体育教学的组织能力、体育课堂的管理能力。体育教师要能够预见学生学习过程中可能遇到的问题，让自己的教学设计符合学生的学习能力，让学生的学习过程事半功倍。体育教师在教学中除了传授基本知识外，还重点培养学生的运动技术学习与运用能力，提高学生的各项身体素质。提升体育教师的基本教学能力和特殊教学能力能保证良好的体育教学效果，同时高质量的体育教学也推动体育教师教学能力的提升。

（二）体育教师的教学能力要符合体育教学评价的发展要求

体育教学评价是对教师的体育教学工作的效果和质量进行评价和判断，是学校教育评价的重要组成部分。随着素质教育的发展，体育教学评价也朝着多元化、系统化、立体化的方向发展。体育教学评价注重管理教学评价，把学生的学业成绩作为评价教师课堂教学效果的依据；体育教学评价注重研究性评价，注重对学生的心理和学习过程进行评价；体育教学评价注重诊断性评价，注重获得及时的教学反馈，及时发现问题并解决问题；体育教学评价注重形成性评价，使教学评价贯穿教学全过程；体育教学评价注重教学主体参与，通过多种评价形式，全方位地评价体育教学过程，获得全面的教学反馈。因此，体育教学评价的改革与发展，要求体育教师的教学能力更为全面，不仅要具有专业知识、技能、体能等方面的能力，而且要多培养有助于教学的能力，提高自己的综合能力。

（三）体育教师教学能力是培养高素质人才的前提和基础

要培养出体力、智力、能力出众的高素质学生，体育教师首先自身要有扎实的专业基本功和教学能力，这样才能更好地驾驭学生，调动学生的学习积极性和主动性。体育教师正确运用体育教学方法和手段，把枯燥、困难的技术动作通过教学技巧展现给学生，为学生营造一个轻松的、快乐的、积极的学习环境，帮助学生克服体育学习过程中的困难、紧张、胆怯的心理，通过展示优美的技术动作，配合简明扼要的语言讲解，调动学生尝试新的技术动作的兴趣。体育教师通过合理的教学能力更好地引导学生，不仅能达到一节体育课程的教学目标，而且为学生的终身体育奠定了良好的基础。

二、影响高校健美操教师教学能力的因素

（一）课程内容和评价方面

健美操教学中最常采用的教学内容是固定套路的学习，所以学生在学习中可选择的内容比较单一。对于学习能力强的学生，这些教学内容过于单一和模式化，不利于提高学生学习的积极性。因此，要选择难度适中的学习内容，让学生在学习基本动作或套路的基础上，有意识地培养自编动作、创新套路的能力。根据学生的学习效果，选择多种考核方式，不仅仅局限于用一套操评价学生的学习效果，还要考核学生的健美操表现力、节奏感、力量性，使考核方式和方法更加科学，增强健美操教学效果。

（二）教师方面

健美操运动对教师的专业性要求较高，要求教师在舞蹈、音乐、身体素质、教学实践等方面有较高的能力。在高校进行健美操教学的教师，有些是从运动训练专业队转过来的，虽然有高超的技术动作，但是缺乏教学方法和教学实践，因此不能够把自己的技术动作较好地传授给学生。还有部分教师不是健美操专业的毕业生，到工作岗位上为了体育教学的需要，更改了自己的专业，存在健美操教学能力不足、机械地重复练习、教学方法和方式单一的问题，让本该

积极活泼的健美操课堂变得呆板、枯燥。所以，在高校健美操教学中，教师要从提升自己的专业能力入手，把所教授的健美操课程钻研透，全面提高教学能力，这样才能提高自己的健美操教学的质量与效率。

（三）学生方面

健美操运动不仅能够培养学生的健美操学习能力，还能够培养学生的自信心、感染力、艺术感。首先，在学习过程中每位学生的学习能力是有差异的，有些学生因为性格原因，对自己的学习缺乏信心，认为自己的学习能力不足，如总觉得自己比别的同学学习得慢、身体协调性不好，总是做错动作，等等，在课堂上不敢展示自己的技术动作，慢慢地就对健美操的学习失去了兴趣。其次，健美操需要学生刻苦练习，有些学生虽然课堂听讲时学会了，但是课下不进行复习和练习，在下次课上老师复习时还是处于不会的状态，这种"伪学习"状态对学习效果是有很大影响的。最后，学生缺少表演的机会，学生学习健美操不仅仅可以在课堂上展示给同学观赏，而且可以参加校园、院系组织的健美操比赛。学生缺乏参加健美操比赛的机会也会对学生的学习造成不良影响。

三、高校健美操教师教学能力的提升策略

（一）提升创编能力和理论能力

高校健美操教师要想提高教学质量，就要根据学生学习的特点和目的，创编出符合学生健康发展的健美操教学内容。教师创编的动作要以健身健美操为主，创编的动作、组合、套路以有氧运动为主，以提升学生的学习兴趣、个人内在修养。在创编过程中，教师要熟练掌握健美操的理论知识，如健美操基本步伐、上下肢动作要协调，创编的内容要连接、变化、和谐共存，队形变化要多样。在创编实践过程中，健美操教师要具备扎实的专业理论知识，这样才

能创编出高质量的动作，丰富学生的学习内容，提高健美操教学的整体质量。

（二）提升教学实践组织能力

教学实践组织能力是教师把自身的知识传给学生的能力，是教师"授之以渔"的能力，是影响健美操课堂教学质量的重要因素。在健美操教学过程中，教师要通过语言正确引导学生的理解与学习，准确、精练的讲解有助于学生对动作的理解，提高学生的空间想象能力和思维能力，帮助学生迅速掌握知识要点。另外，教师要通过准确、优美的示范动作，让学生直观感受健美操的具体动作。教师不仅要提高自己示范动作的质量，还要掌握示范的时间点和示范面，合理利用音响、健美操教室、教学镜子等教学设施，提高学生的兴趣，达到提高高校健美操教学质量的目的。

（三）提升教学评价能力

健美操教师的教学评价能力包括对学生学习的评价能力和对自身的评价能力。健美操课程要对学生的身体素质、运动技能、运动参与、情感体验等进行全面评价。因此，教师在对学生的评价中要考虑学生的健美操理论、运动技术、学习情感等方面。教师要建立科学的、客观的、全面的评价体系对学生的学习效果进行评价。例如，教师要考核学生学习健美操运动技术的效果，要把技术动作评价体系更为细化，动作的规范程度和层次要明晰，避免因主观因素影响学生的学习效果。健美操教师对自身的评价是对自己教学的自省。教师及时评价自己的教学设计、教学过程、教学效果，能及时发现问题，查找解决问题的方法，避免类似问题在下次课堂教学中出现。为了使教师评价更为全面，在教师自评的基础上，可以让学生、家长、专业课教师共同参与到对健美操教师的评价中，如设计出相关的电子调查问卷，通过手机、网络等媒体，对健美操教师做出全面的、客观的评价。这样有利于教师教学能力的发展与提高，不断提高健美操课程的教学质量。

（四）提升组织训练和竞赛能力

高校健美操训练与竞赛，是高校学生课外体育锻炼的重要组成部分。组建健美操训练队伍，参加不同级别的比赛，可以推动健美操在学校的普及，促进校园体育文化的形成。各高校健美操教师间可以通过交流学习提升自己的训练经验，通过比赛把握健美操发展的方向与动态。高校可以多组织健美操比赛，给学生提供展示的机会，锻炼教师的组织竞赛能力、裁判能力、训练能力等。

（五）提升科研能力

高校健美操教师要提高自己的科研能力。教师要及时掌握本专业的前沿信息、发展动态、探索方向。教师要通过撰写论文、设计完成科研课题来提升自己的科研水平。在这个过程中，教师能够通过探索、发现、掌握健美操教学的前沿理论、前沿方法，优化自己的健美操教学过程，不断完善自己的教学理念、教学方法。教师要用发展的目光看待自己所教授的健美操课程，提高自己的科研能力，从而提高自己的健美操教学能力。

四、高校健美操教师教学能力评价体系

（一）教学能力指标概述

笔者借助特尔菲法选取出了评价健美操教师教学能力的具体指标，将具体指标交由相关专家开展相应的调查与分析，以专家给出的相关建议为参考，同时结合各指标之间的交互型关系，建构起了高校健美操教师教学能力评价体系，并将其具体划分为三个层级。第一层级指标共有三个，即教学设计能力、教学实施能力和教学反思能力，由第一层级又可延伸出多个第二层级和第三层级指标。

（二）具体指标分析

1.教学设计能力

教学设计能力主要是指以健美操课程的教学大纲为出发点，立足当下学生的实际能力水平，实施特定阶段的教学目标和内容设计，并基于此对教学活动的具体程序、运用的方法和手段等给予明确，从而保障教学活动顺利高效开展的能力。包含在教学设计能力下的二级指标主要包括理论知识、教学目标制定能力、分析问题和解决问题的能力、实施教学评价的能力。而二级指标中的理论知识又包含专业理论知识、伤病预防及营养知识等内容，这也是健美操教师具备基本健美操技能的基础所在，是在教学过程中能够实施正确的训练方法，有效规避运动损伤的有效保障。教学目标对后续教学活动的开展有着重要的导向作用，需要教师以教学内容为依据，以学生的实际需求为参考，制定相应的教学目标，以此提升课堂教学质量与效果。分析问题与解决问题能力是高校健美操教师必备的一项能力，有利于教师更好地开展教学活动。从教学评价能力方面来看，教师要打破以往强调考试结果、以成绩衡量学生学习水平的片面做法，要将教学侧重点放在学生全面发展上，在教学过程中及时发现与挖掘学生具有的潜力。

2.教学实施能力

教学实施能力由多个二级指标构成，主要包括现代化教学手段的运用能力、良好的语言表达能力、动作示范能力、教学过程中的纠错能力和应变能力、优化课堂教学结构和重复利用教学资源的能力等。从现代化教学手段运用能力来讲，在信息技术不断发展的背景下，教师要能够借助现代化的教学手段和设备来辅助教学活动，并能够灵活运用各种操作技能，对教学过程进行个性化设计；从良好的语言表达能力来讲，教师要具备能够准确运用各类专业术语开展教学活动，并注重教学过程中的语速和语调；从动作示范能力来讲，教师要能够在教学过程中规范地将技术动作呈现在学生面前，并以此种方式激发学生的学习兴趣，促进学生对健美操相关技术动作的理解与掌握；从教学过程中的纠错能力和应变能力来讲，教师要充分发挥自身在课堂教学中的引导作用，及时发现学生动作不标准的地方并给予纠正，同时还要能够针对课堂上的一些突发事件，运用自身能力进行巧妙化解，以此推动教学活动的顺利开展；从优化课堂教学结构的能力来讲，教师要能立足于教学实际和学生的实际掌握情况，合理安排教学内容，确保教学的有效性；从重复利用教学资源的能力来讲，教师要能够对各类教学设备和教学器材进行充分利用，使其对教学活动的辅助作用得到充分的发挥。

3.教学反思能力

教学反思能力是指教师在课后对教学过程和教学结果实施客观性的评价与反思，总结出自身在教学过程中的不足和需要改进的地方，并找出问题的根源所在，从而为自身后续教学活动如何展开提供明确的方向，实现自身教学能力的提升的能力。同时，除了对教学活动的反思外，教师对其自身的反思也是其反思能力的一种具体体现。另外，还需要教师对教学观念、教学方法、自身专业技能水平和职业素养等进行反思，并以此为依据，在后续开展的学习活动中，提升自身的职业素养。

健美操是高校体育课程中的重要组成部分，想要使此课程的教学质量和水平得到全面、有效地提升，仅仅强化健美操教师的能力素质是不够的，还需要建立起完善的教师教学能力评价体系，并以此为载体帮助教师明确教学过程中的优缺点，从而为后续教师能力的提升提供明确的方向。

第七章 健美操课堂教学与课外训练一体化模式及其应用

第一节 健美操课堂教学与课外训练一体化模式的内涵

在高校体育专业，健美操具有健身、塑体、愉悦身心等功能，受到了越来越多的大学生的喜爱，然而当前高校健美操存在课堂教学与课外训练脱节的问题，严重影响了学生的健美操学习，对其长远发展具有不利影响。随着高校体育改革的深入，高校健美操提出了课堂教学与课外训练一体化的教学模式，有效提升了教学质量。因此，高校要加快一体化研究，促进高校健美操教学高效进行。

一、高校健美操课堂教学与课外训练一体化模式的概念

高校健美操课堂教学与课外训练一体化模式是指在高校健美操教学中，将课堂教学和课外体育训练、课外活动与多种形式的社会体育活动等有机结合起来开展教学。这种教学模式是以学生为中心，以学生的身心发展为依据，

对学生进行系统化的健美操教学与训练，并且使课堂教学与课外训练相互衔接，重视理论与实际相结合，课堂教学为课外训练提供理论基础，课外训练印证课堂教学内容。高校健美操课堂教学与课外训练一体化模式有效提升了学生的健美操参与程度，最终提升了学生的健美操能力，使学生树立终身体育的意识，促进了学生的全面发展。

二、健美操课堂教学与课外训练一体化模式的理论基础

学生作为学习的主体，对文化的需求越来越趋于多元化，这种多元化的需求导致了体育教学的复杂性和多样性。为了响应素质教育，跟上新课改的潮流，高校体育教学改革也在不断深化。学生的自主性是体育改革中要加强重视的方面。健美操作为一种体育项目，扎实的基本功是必须具备的，健美操的训练是一个长期过程，只有量变才能达到质变，每一个阶段的积累都是必不可少的。要想培养出优秀的健美操队员，必须探索一种新的教学模式。就目前而言，最适合的无疑是教学训练一体化模式。

三、高校健美操课堂教学与课外训练一体化的重要作用

（一）提高高校健美操教学质量

高校健美操课堂教学与课外训练一体化模式能够有效提高高校健美操的教学质量。高校健美操的课堂教学着重于学生的理论教学和基础动作教学，注重培养学生对健美操的兴趣；而课外训练能够使学生将课堂上所学到东西进行印证，并且通过专业人员的指导对动作进行规范、补充与完善。当前健美操课堂教学与课外训练严重脱节，影响了教学效果，一体化模式能有效将二者结

合起来，相互补充，建立一个科学的教学体系，从而从根本上提高健美操的教学质量。

（二）丰富了校园文化内涵

健美操运动具有丰富的精神文化内涵，体现了青春活力、朝气蓬勃、积极向上、健康发展等文化特色，在高校体育项目中有着独特的地位。在高校中，健美操文化是校园文化中重要的一部分，推行健美操课堂教学与课外训练一体化模式能够营造积极健康的校园文化氛围，丰富校园文化的内涵。良好的校园文化氛围对人的影响是潜移默化而又积极向上的，能够培养学生良好的思想品德，促进其全面发展。除此之外，良好的健美操文化能反过来影响高校的健美操教学，促进高校健美操教学的发展。

第二节 健美操课堂教学与课外训练一体化
模式的推广

针对高校健美操课堂教学与课外训练相脱节的现象，要加快一体化研究，让课堂教学与课外训练相融合，达到人才培养的目的。本节主要分析健美操课堂教学与课外训练一体化模式在推广时面临的问题及解决策略，以期为一体化模式的实现贡献力量。

一、健美操课堂教学与课外训练一体化模式在推广时面临的问题

（一）高校健美操教学训练资金缺乏

就目前而言，我国的健美操教学发展并不成熟，还处于普及阶段，国家对其重视度不够，提供的运动教学训练补贴经费不足，而学校本身的经费又有限。健美操这种集美感与运动为一体的表演型项目，只有多参赛，才能积累丰富的经验，更快地提升各方面技能。所谓经济基础决定上层建筑，现在所具备的资金并不足以支撑多项赛事的开展，这样是不利于高校健美操的长期发展的。

（二）高校健美操教学训练时间难协调

高校学生本身的课业压力就重，专业广泛，除去上课时间，能充分利用的时间有限。再加上高校对体育运动不重视，大多采取不支持、不鼓励的中立态度，让健美操教学训练时间更加难协调，没有充足的时间保证，训练效果肯定大打折扣。

二、健美操课堂教学与课外训练一体化模式推广问题的解决策略

（一）加大资金投入

训练经费作为课余运动训练正常开展的物质基础，是学生取得优异成绩的保证。所以，要想建立专业化的运动队伍，就必须加大政府的扶持力度，为健美操训练活动的有序开展提供基础保障。学校方面，要重新审视自己的态度，重视健美操的发展，加大对这一体育项目的投资。另外，公益基金赞助和企业冠名赞助也是缓解资金压力的有效措施。所以，积极拉些校外赞助，力求与这

些校外企业建立长期合作关系是解决资金短缺问题的重要途径。

（二）协调训练时间

充足的训练时间是取得好的训练效果的前提。面对训练时间不足的情况，可以与校领导进行协调，看是否能够增加业余时间。另外，在有限的时间内提高效率，合理利用安排时间，加大训练力度。选拔出优秀的团队，利用业余时间进行表演，力求使艺术文化感染更多的学生，形成浓厚的健美操文化氛围。

第三节 健美操课堂教学与课外训练的整合模式探讨

一、对健美操课堂教学与课外训练一体化模式的初步探讨

高校的学习与生活也不像高中那样紧张，学生的课外业余时间也比较充裕。如何充分利用业余时间合理安排学习与生活，对于以后走上社会有着重大意义。健美操同样如此，那么健美操课外训练有哪些方式呢？

（一）单独时间的健美操训练

当学生结束一天的各科学习后，可以充分利用课后的时间，进行健美操学习与训练。目前，我国高校学生在课后存在着许多不好的习惯，如经过高中阶段的辛苦学习后一进入大学时期，压力徒然减轻，就产生了精神上的过度放松，学习上缺乏严格的自律。而健美操训练可以在一定程度上充实学生的课外时间，可以在宿舍、在家里，或是在没有外界干扰的环境下练习课堂上老师所教的课程，在健美操的单独训练中享受独自理解所带来的乐趣。

（二）学生自发组织结伴的训练

人具有社会性，有时几个谈得来的学生一起进行健美操训练，在互相比较下能产生一定的良性竞争意识，进而提高健美操的动作技能。健美操对于学生来说，不应该是应付的一种选择，而应该是将这项运动作为一种爱好来开展。几个学生甚至于一大群学生通过健美操活动增进了彼此之间的友谊，同时也提高了社会活动能力。健美操就人数来说分为单人健美操和团体健美操，团体健美操注重参与者的配合，这些只有通过相互磨合来逐步实现。而学生在课外时间组织健美操活动的前提是大家要找到共性，都有兴趣来训练健美操，只有发自内心的喜欢才有学习的动力。

（三）广泛参与社会健美操活动

健美操最早发源于民间，既是一项体育运动，更是一项寓教于乐的娱乐活动，深受广大人民群众的喜爱。健美操在自身演进过程中，吸收了其他舞蹈成分，如爵士舞、霹雳舞、交谊舞等，健美操可以说是一种舞蹈艺术，载歌载舞的同时也给社会带来一股新风。

高校里所进行的健美操课程，最终都是为了更好地要向社会展现健与美。健美操相比于高校其他学习科目，具有更强烈的社会参与性和实践性。许多健美操编排出自社会上的健美操爱好者之手，或是出自健美操社会组织，高校的健美操课程只是其中的一部分。

因此，学生在不断学习课程内的健美操内容的同时，应该更积极地参与社会上一些与健美操有关的活动，如各地定期或不定期举行的健美操比赛，健美操志愿者以及政府或一些大型企业组织的健美操商业表演。有些表演项目是有偿的，有些是无偿的，无论是参与其中还是作为台下观众，都能极大地开阔视野，也能与社会上的健美操爱好者进行互动沟通，取长补短。

（四）互联网视频学习

现在是网络时代，互联网与生活结合越来越紧密，教师根据自身对健美操的理解，可以在网上有针对性地搜集相关视频资料，安排学生在课外进行对照学习，通过网络资源的丰富让学生了解健美操的发展现况。

二、对健美操课堂教学与课外训练整合模式的进一步研究

在探讨高校健美操教学与课外训练相结合一体化模式之前，有必要对健美操先有更深刻的认识。健美操兴起于 20 世纪中叶的欧美，又与体操运动有着千丝万缕的联系，如果再往上溯源的话，可以追溯到古希腊甚至古印度瑜伽。

首先要明确健美操教学并不亚于其他学科，要明确健美操教学对于学校和学生的重要意义，是人文教育里面重要的组成部分，是活跃学校学习氛围、增加学生活力的重要手段。健美操教学应坚持一个中心、两个重点。

一个中心是指健美操教学要以高校教程为中心，以课外训练为主要补充。学生阶段是以学习基础课程为主，应该打好基础，扎实学习高校系统编制的统一教材，这对后期的发展有直接影响。

两个重点：一是指课堂教学与课外训练，教师都应该积极参与其中，并对学生进行指导，教师的参与是一体化模式实施的重点。虽然课外时间由学生自由安排，但是对课外训练教师可以提供经验上的指导，这更有利学生的成长。学生应多将自己的想法与教师进行交流沟通。二是健美操训练以实践为重点，教程有许多理论上的讲解，但是健美操是一项实践操作性极强的活动，因此在学习健美操理论及传统套路的前提下应加强实践，从校园安排的演出实践扩展到课外的表演训练实践。教师可以带领学生多进行社会健美操活动的实践，

进而反馈回课程的学习，形成良性循环。

健美操课堂教学与课外训练的一体化模式，是对我国高校健美操教学的有益尝试，普及健美操这项体育艺术，对于带动社会精神文明的发展有着重大意义。

第四节 健美操课堂教学与课外训练一体化模式的构建与应用

在高校健美操的课堂教学过程中，教师主要完成健美操理论知识、基本动作技能、裁判规则等内容的教学，而且以教师讲解为主，学生处于被动接受状态，课堂参与度较低。经过一段时间的学习后，学生虽然能够建立起健美操理论体系框架，但是缺乏实践能力。在这样的课堂教学模式中，教学过程也较为枯燥、乏味，容易让学生失去学习健美操的兴趣。基于健美操教学的特殊性，开展课外训练是十分必要的。教师在组织学生开展课外训练时，模式较为单一，主要采取教师和学生集体练习的方式，机械化程度较高，也难以达到预期的训练效果。

理论教学与实践训练分家，是导致高校健美操教学效果较差的主要原因。往往在开展实践训练活动时，学生已经淡忘了所学的理论知识，仅仅模仿动作形式，难以达到应有的锻炼效果。而且学生在课外训练中的自主性较低，主要由教师安排训练时间和训练内容，不利于学生运动习惯的培养。针对上述问题，尽快对高校健美操教学及训练做出积极改变是十分必要的。

一、高校健美操课堂教学与课外训练一体化模式的构建思路

（一）一体化教学框架

高校健美操课堂教学与课外训练一体化模式的提出，是根据《普通高等学校体育教育本科专业各类主干课程教学指导纲要》等相关指导文件，响应深化素质教育改革的要求，将理论教学与实践训练紧密结合起来，全面优化教学效果。坚持体育运动"普及与提高"的基本发展方向，从学生身心特点出发，合理设计高校体育课程教学层次，实施差异化教学方法，关注每一名学生的锻炼效果。对于健美操教学而言，应以课堂教学为普及的切入点，以课外训练为提高的支点，通过一体化模式，让学生得到全方位的锻炼和提升。具体而言，应将高校体育基础课程、选修课程、业余训练队和专业运动队结合起来，让学生自由、自主地选择发展方向，并为其提供全面的教学和训练指导服务。最终达到进一步可选择专业发展，退一步可成为健美操爱好者的效果，帮助学生养成良好的体育运动习惯。

（二）一体化教学内容

在高校健美操课堂教学与课外训练一体化模式的构建过程中，首先要厘清思路，在内容设计上实现理论与实践的协调统一，并充分围绕学生特点开展教学设计活动，实现教与学的有效对接。同时，应通过与课外训练的有效结合，打破传统教学模式的局限性，改变单一的课堂教学结构，如将以往分班级授课的模式改变为分层分组授课模式。根据对学生的调查，按照其学习兴趣和发展方向，合理进行分层，实施差异化教学，提升教学的针对性。在课外训练过程中，也可有机渗透课堂教学的内容，帮助学生回顾理论教学内容，让学生深刻

理解运动机理，掌握好动作要点和节奏。在教学和训练过程中，应注意营造宽松的教学环境，发挥学生的主动性，让学生自主安排学习时间、内容。可通过成立学生社团等形式，开展课外训练，激发学生的运动热情。教师在整个教学过程中，则应充分发挥教学辅助作用，促进学生体育素养的逐步提升，最终达到预期的课程改革效果，满足国家提出的人才培养要求。

二、高校健美操课堂教学与课外训练一体化模式分阶段研究

健美操课堂教学与课外训练一体化模式是采用一种分层分组的教学方法，打破传统的单班教学，以不同的班级组织形式和不同的方式教授学生的一种新型教学模式。为了使课堂教学和课外训练完美结合，我们可以将这一模式分为 4 个阶段。第 1 阶段：课堂教学阶段。为了给喜欢健美操的学生提供接触机会，可以通过选修课的形式呈献给大家。教一些基本的步伐，不但可以引导学生入门，还可以培养学生的基本功。在最后考核时，不要过于死板，要灵活运用，可以同时设计几种不同的考核方式，如套操队形的变化、动作的创编等。学生可以根据自己的情况选择适合自己的方式，不但可以提高学生的积极性，还可以加深学生对健美操的认识与运用。第 2 阶段：课外俱乐部阶段。对一些喜欢健美操的学生，单纯的课堂学习是不能满足其需求的，而俱乐部作为一种课堂的有效延伸，能够为学生提供不同层次的健身课程，让学生能够在课外得到很好的锻炼。当然，这是一种自主选择的途径，学生可以根据自身情况考虑。第 3 阶段：作为专业课学习阶段。学生通过前期选修课的学习和课外俱乐部的锻炼，已经具备了一定的基础，现阶段的方式已经不能满足学生的需求，为了让学生的专业能力进一步提高，专业课的开展是必要的。通过小班精修的方式

让每个人的能力得到锻炼，以实践为主、理论为辅，通过参加一些校内外的健美操比赛，提高学生的运动技术水平和社会参与能力。第 4 阶段：健美操竞技运动队训练阶段。前期班级授课阶段为健美操的学习奠定了良好的基础，巩固了基本功，而专业课的学习能够使各项能力得到提高，各种比赛丰富了学生的舞台经验，培养了学生的表现力。层层递进的前 3 个阶段为健美操竞技运动员的选拔提供了基础，经过专业的竞技训练队教师的指导和训练，为专业队培养了后备军。

三、高校健美操课堂教学与课外训练一体化模式的应用

（一）打破年级界限，支持个性发展

在高校健美操课堂教学与课外训练一体化模式的实施过程中，应打破原有的年级界限，支持学生自由、自主选择课程时间、教师，构建开放式的高校健美操教学环境。对于高校健美操教学而言，不需要完全按照年级划分教学层次，健美操作为选修课程，不同学生的接触时间不同，需要接受的教学层次也不同。按照年级进行划分，反而会限制课程教学资源的配置。因此，应打破年级界限，从学生的学习基础水平、兴趣爱好等出发，重新制定课程选修制度。教师应充分考虑学生的个性化发展需求，在初学过程中，根据学生的兴趣特点设计教学内容；随着学习的深入，则应引导学生自编健美操，培养学生的独立思考能力和创新能力。在课外训练过程中，也可以以学生社团、兴趣小组等形式开展训练，让学生自行组织训练活动，从而更好地利用课余时间，达到增加体育锻炼的目的。

（二）改变课程模式，理论联系实践

目前已经有高校将健美操普修课改变为"健美操教学与第二课堂训练课"，其目的是强调课程教学与课外训练相结合的重要性，推动一体化模式的实施。在改变课程名称的同时，通过采取相应的措施，将健美操课内、课外教学实践活动良好结合起来，充分满足学生的锻炼需求。比如，在打破年级界限的基础上，实施分层分类教学。在初级阶段的学习过程中，主要以基础知识和基本步法、动作等训练为主，开展教学和训练活动。中级阶段开始让学生接触一些组合步法、组合动作和团体操训练的内容，同时深化理论教学，为实际训练活动的开展提供支持。到了高级阶段，则应根据学生自身的发展意向，分为业余训练和专业训练两种模式，合理调节教学及训练内容的难易程度，充分满足学生的发展需求。在这样的课程教学模式下，学生的主动性可以得到充分发挥。

（三）丰富课外活动，加强实时互动

针对以往高校健美操课程理论教学占比过高的现象，实施一体化教学，平衡理论教学与实践教学的关系，也有利于突出课外训练的重要性，更广泛地开展课外训练活动。在此过程中，教师需要丰富课外训练活动形式，采取学生感兴趣的方式开展训练。教师可以在训练过程中适当引入竞争机制，在校内组织各种类型的健美操比赛，并让学生报名选拔健美操裁判，通过担任赛事裁判，夯实理论基础，学会灵活运用。教师也应积极关注国家和省市级健美操比赛，组织有兴趣的学生报名参与，将这些赛事活动作为学生的课外训练平台。在学生开展课外训练的过程中，教师应利用信息化工具，与学生展开实时互动交流，掌握学生的训练情况，及时为其提供指导。

（四）改变考核策略，实施分层评价

在高校健美操一体化教学模式的实施过程中，也需要对教学考核评价策略做出相应的更改。按照上述初级、中级、高级阶段的划分方式，在初级班教学过程中，可将理论基础知识、基本动作掌握情况作为重点考察内容；中级班则加入学生自编操、组合动作完成情况等考核内容；在高级班考核评价中，则应更关注学生的竞赛表现、课外训练情况等。同时，采取过程评价与结果评价相结合的方法，按照 7∶3 分配比重，其中过程评价应包括平时测试、课堂表现、课外训练表现等，按照 2∶2∶3 的比重进行详细划分。在此情况下，能够对学生做出更有效的引导，促进其健美操锻炼水平的提升。

（五）提高健美操的普及程度，改革传统的教学方式

一个项目的发展前景和发展动力在很大程度上取决于参与它的人群数量，也就是普及程度的高低。因此，在高校健美操教学改革中，也需要以该项目的可持续发展为基本前提。通过加大投入，完善高校健美操教学及训练的相关基础，为学生进行健美操学习和开展活动提供完备的条件。另外，提高健美操课程的普及程度，通过改革教学方式和内容，鼓励、引导更多的学生选择健美操课程。学校还可以通过开设健美操选修课程、开展健美操相关活动等措施，将健美操项目的特点和魅力充分展示给学生，并为学生练习健美操创造良好的氛围。健美操的教学内容在不断丰富和发展，但是当前高校健美操教学的组织形式、教学方式方法、训练内容等完全不能满足学生的实际需求。因此，要求高校的健美操教师或教练要主动适应形势的变化，以学生为本，改变自己的教学方法，以满足学生的实际需求。

（六）丰富健美操的教学组织形式

要使高校健美操教学和训练一体化，需要在教学组织形式上做出一些改进，改变以往的单一的专项教学的模式，如采取健美操运动队或者俱乐部的教学及训练形式。健美操运动队是由有一定基础和潜力并希望在健美操技能方

面得到进一步发展的学生自发组织建立的。运动队可以自主参与一些比赛或者一些与健美操相关的活动。俱乐部形式是学生自愿组成，在教师辅导下自主锻炼、自主开展活动的一种形式。俱乐部形式的教学能够打破原有的班级、专业和上课时间、地点、方式的限制。学生可以在俱乐部中巩固课堂所学内容，进行教学的可以是教师，也可以是俱乐部的学生成员。俱乐部教学融课堂教学、运动训练、课外活动及竞赛为一体，是一种构建高校健美操课堂教学和课外训练一体化模式的有效途径和重要策略。除此之外，还可以建立与健美操相关的学生社团，让学生根据自己的需求和兴趣自愿加入，在社团组织的范围内根据自身的需要开展活动，在活动中提高自身的健美操技能水平。

综上所述，高校健美操课堂教学与课外训练的结合，可以解决以往存在的理论和实践教学分离问题，让学生充分得到锻炼，满足学生的个性化发展需求。

第八章 健美操教学与体能训练一体化模式及其应用

第一节 健美操教学与体能训练一体化存在的问题

健美操出现在我国高校课程中并逐渐应用推广开来，与很多方面的因素都有着非常紧密的联系。健美操与一般的体育项目不同，其需要运动员完成很多比较高难度的动作，这也就意味着健美操对运动员的体能素质要求是比较高的。综观当前高校健美操运动训练的发展现状，其中还是存在着一些问题和弊端，亟待得到有效的解决与完善。以下是笔者结合自己的相关工作经验，就此议题内容提出自己的几点看法和建议。

一、高校健美操运动员在体能训练过程中出现的问题分析

（一）内容和形式相对单一、枯燥

在笔者的认知当中，高校健美操的体能训练应该有着非常丰富和多元化

的教学内容和教学形式，但是笔者深入实际调查和研究发现，高校健美操体能训练所应用的形式是非常单一的，基本上都是运动员在自我完成训练，训练的内容也是比较单一的，很枯燥，运动员每天都在重复完成训练内容。总而言之，其呈现出的是一种非常枯燥无味的训练氛围，这必然会对运动员参与训练的积极性和主动性产生负面影响。

（二）体能训练中出现了日常训练和比赛训练的负荷脱节现象

众所周知，健美操是一种竞技类的体育项目，高校经常会派出自己的健美操队参加各种各样的健美操比赛。但是，因为受到健美操市场中各种不规范或者不系统因素的影响，很多健美操比赛都是临时决定的，每年举办的时间也不固定。所以，很多情况下，高校参加健美操比赛都是随机的，有比赛就去参加。因为比赛的临时性就会导致运动员并不能够在比赛前进行充足的准备，日常的训练负荷与比赛的负荷会出现脱节的问题，进而影响到比赛的结果。

（三）体能训练偏离了健美操技术训练的轨道

当前高校健美操运动员所参加的体能训练虽然算是比较全方位的，但是其却丢失了健美操技能训练的针对性，逐渐忘却了运动员参加体能训练的目的是更好地掌握健美操技术，其是为健美操运动服务的。此外，笔者还了解到一些健美操运动员会过度追求和挑战自己的极限，在日常体能训练中也会强制自己去完成一些高难度的技术动作，没有处理好自身能力与训练强度之间的关系，反而影响到了体能训练的效果，甚至对自己的身体也造成了一定的伤害。

（四）体能训练基础弱，欠缺系统性

目前高校健美操运动员，无论是在数量，还是在个人基础能力方面都存在着严重的不足，健美操运动员的体力储备不足会严重影响体能训练的效果。此外，高校健美操的体能训练在系统性方面还存在着很大的欠缺，其并没有很好地考虑到大学生的身体素质情况，导致实际的体能训练欠缺规范性和针对性。

二、关于高校健美操运动员体能训练方法的进一步探究

（一）合理调整体能训练的强度，提高体能训练的质量

体能训练的目的是确保运动员能够有更强大的体能基础去支撑健美操的训练和比赛，如果运动员在参加体能训练的过程中身体超出了本身能够承载的疲劳程度，那么运动员的身体就没有办法维持预期的运动强度了。因此，在体能训练过程中，教师或者教练一定要根据运动员的实际身体情况来合理调整体能训练的强度，确保运动员能够通过体能训练来有效提高运动能力。在专项体能训练当中，教师或者教练必须对运动员的表现力表示出高度的重视，要引导运动员用自己的身体动作感受音乐，将音乐与健美操动作真正融为一体，将自己的精神气质以及思想情感都展现出来，实现力与美的高度融合。

（二）高校要结合自身实际情况，适度加大对先进科技仪器的投入力度

随着科学技术的不断进步，目前我国高校健美操运动员体能训练过程中可以应用的先进科技仪器的数量越来越多，应用效果也越来越好。因此，高校需要结合自身的实际情况，适度加大对先进科技仪器的投入力度，更好地为健美操运动员的体能训练提供支持与服务。借助科技仪器，健美操运动员能够更全面地了解自己身体方面的各种信息，也可以根据显示的信息随时调整体能训练的内容和方式，进而提高体能训练的有效性。有了先进科技仪器的助力，

高校健美操运动员不仅能够及时矫正自己的错误动作，而且能够通过科技仪器了解自己的技能水平，减少训练的盲目性，不做无用功，实现事半功倍的效果。

综上所述，健美操是高校当前开展比较火热的一种竞技类体育项目，也是当代大学生比较感兴趣的一种训练项目。高校必须进一步加大对健美操运动员体能训练的研究力度，更深入地了解健美操运动员参加体能训练的需求，有针对性地调整和完善健美操体能训练的内容和步骤，为运动员营造一个科学、高效但又不失轻松、愉悦的训练氛围，帮助运动员更好地提升自己的体能水平。

第二节 健美操教学与体能训练一体化的作用

一、力量

力量是其他身体素质的前提条件，要想获得力量素质，运动员必须通过单一动作来进行训练，这样才能提高局部肌肉的力量素质，力量也是现代体能训练的基石。

力量是健美操竞技中的核心条件。一套完整的健美操动作需要运动员全身肌肉配合发力，这样才能呈现出最佳的竞技水平，带给观众美的享受，因此力量素质对健美操动作的完成至关重要。

随着技术的进步以及体能训练的发展，健美操大部分动作都依赖核心力量去完成，运动员的核心力量受到越来越多人的重视，核心力量训练能够调整、强化与训练人体骨盆、脊柱，从而提高运动员控制身体重心，获得上下肢力量传递的能力。但是核心力量并不等同于腹部力量，而是包括人体的臀部、腹部、背部以及髋关节周围的肌肉共同组成的核心肌肉群。健美操力量训练分为三个阶段，即核心基础力量训练、核心静态收缩训练、核心控制能力训练。

上肢作为健美操动作的重要组成部分，是完成 A 组难度的核心，对其进行力量训练应该围绕着上肢的推撑力量进行，基本上以动力性力量训练为主，特别要注重增强双手及上臂的推撑和腹部肌肉收缩的快速力量练习。前期先开展基础力量训练，中期围绕推撑力量进行训练，后期再围绕动力性复合力量进行训练。

下肢力量训练作为起跳、落地、蹬转的发力部分，也是 C 组难度完成的重要支撑部分，因此进行下肢爆发性力量训练时，应围绕起跳、转体时的动作速度和力量控制进行训练。前期先进行下肢基础力量的训练，中期多进行跳跃力量训练，后期要多进行爆发性的组合力量训练。

健美操动作完成以关节进行连接，但关节的训练应以平衡为主，也就是所谓的稳定性力量训练，而关节的训练应按静态稳定训练、动态稳定训练、复合动态稳定训练依次进行，循序渐进，使关节的力量得到最大限度的促进。

力量训练中要特别注重小肌肉群，一方面是预防受伤，一方面是加强神经对肌肉的控制。从生理方面来说，进行力量训练，在超负荷刺激下强化选手的肌肉群、核心力量，是机体软组织多次分裂再生的过程，因此进行训练时，一定要在前期、后期进行肌肉的拉伸，确保肌肉得到放松，保持肌肉的弹性，避免产生运动损伤。

二、耐力

运动员在健美操比赛时，一套动作需要选手展现多种多样的动作与姿势，而这些都需要体力持续投入，若没有动作耐力，就不能保证运动员技术动作在一定的时长内发挥稳定性，甚至会诱发运动损伤，因此在体能训练时，要加强耐力训练。

教练员要根据健美操动作的特点，结合专项训练的基本条件和内容选用针对性的训练内容与方式。健美操运动员的专项耐力表现为以无氧代谢供能为主，有氧代谢供能为辅。在进行训练时，需要调配好力量、间歇、重复、组合，进行交叉训练，通过这种形式强化运动员的耐力素质与体能储备。但需要注意的是，在耐力训练时要丰富训练的方法，避免枯燥无味，设定一些游戏，着力提高训练兴趣，避免单纯进行长跑等训练。

难度动作是以无氧代谢供能为主，对其进行耐力训练是专项耐力的核心，也是难度动作能够成套完成的重要保障。训练时应先进行局部肌肉的器械训练，运用训练器械结合专项进行肌肉耐力的练习，然后慢慢进行难度技巧训练，比赛前期根据成套中选用的难度动作，进行难度、技巧、连接动作的组合练习，多次重复，提高运动员完成成套难度动作的肌耐力，增加比赛时的耐力储备。

成套动作是以有氧代谢供能为主，对其进行耐力训练是保证成套动作完成质量的基础。训练前期采用高强度间歇训练，刺激心肺耐力。备赛期以成套操化循环训练为主。综合耐力训练包括步伐变速跳绳训练。练习时确保持续时间长、训练强度大，但同时应该注意避免空腹或饱腹训练。

在耐力训练中，教练员要紧紧围绕训练对象、强度与目标，合理进行周期训练，每学期、每学年训练过程中要针对现实条件不断调整训练强度与内容，从中不断累积经验，丰富训练的内容、形式，以防运动员出现疲劳，影响到进行训练的态度与心情。

三、柔韧性

柔韧性指运动员的韧带、肌肉以及关节活动幅度能力。健美操运动员的专项柔韧表现为力量性柔韧和关节灵活性柔韧，分别有正肩、反肩、分屈、并屈、左叉、右叉、横叉。运动员在做横叉和分腿体前屈时的柔韧性普遍较弱。

柔韧性决定技能成套动作的表现完成度。柔韧性的训练通常应安排在训练后半段，要遵循时间尽量长、频率要高的准则，以个人主动拉伸为主，同伴被动拉伸为辅，PNF 拉伸与动态拉伸相结合。每次在训练前应充分热身，一定要活动开身体各个关节和韧带，防止出现拉伤的情况。基础性的柔韧训练是对下肢、肩部进行训练，包括左叉、右叉、横叉、肩部外展、屈体练习等。关节灵活性柔韧训练是在扩大关节活动范围的同时提高动作的准确度。力量性柔韧训练以踢腿、摆臂为主。

四、表现力

表现力是健美操的生命力，不仅追求速度，更重要的是进行美的展示，运动员在比赛中美学展现能力以及力学展现能力是其核心竞争力，这也是健美操独特的魅力。

运动员在音乐伴奏的引导下，充分配合自身的动作技术、动作要素，展现出有力度但又不失优美的动作，并通过这些动作来表达出独特的情感，散发独特的魅力，完整展现出运动员特有的精气神。

表现力是多种多样因素的综合流露，因此训练体能过程中，需要将表现力也纳入其中。从运动员的仪态、仪表入手，让运动员以自然、个性的面部表情示人，把健美操的成套动作用最简单、真挚的情感表现出来，从而提升健美操的活力。

运动员在进行专项体能训练过程中要根据自身特点及参赛项目的需求进行相应调整，有针对性地安排训练内容，把握一般与专项体能训练的本质，定期对体能水平进行测试评定，从而把握负荷强度、负荷量、持续与间歇时间等；训练后采取多种手段、器械进行主被动恢复放松，使体能训练经济化、科学化、专项化，从而取得事半功倍的效果。

第三节 公共体育健美操课程与体能训练一体化模式

近年来，在全民健身运动浪潮推动下，高校体育教学环境和教学目标都出现了新的变化。作为高校公共体育课程的重要组成部分，高校公共体育健美操体能训练方法也更加多样，许多新的训练器械也都被广泛引用到公共健美操体能训练中来。根据新时期健美操运动发展特点，选择合适的体能训练措施开展健美操体能训练，已经成为高校体育教师必须关注的问题。

一、健美操课程体能训练概述

健美操体能训练是指根据体能专项需要，通过合理的动作练习来改善运动员身体形态、器官机能的过程。体能训练不仅可以提高个体身体器官的超负荷能力，还能激发个体的机体潜能，提高个体的身体素质。健美操课程体能训练包括一般体能训练和专项体能训练。一般体能训练是指运用多种非专项体能练习方法来提高运动员身心素质的训练。专项体能训练包括力量训练、速度训练、耐力训练、灵敏素质训练、柔韧性训练等。健美操是一项对身体柔韧性、协调性要求较高的运动项目，运动员通常要在规定时间内完成具有一定难度的、连接性的组合动作，许多组合动作的动作频率、幅度、强度都较大，个体只有不断提高体能耐力，才能满足健美操表演技能要求，全面展示健美操的动感和美感。

二、公共体育健美操课程体能训练措施

（一）科学开展专项体能训练

专项体能训练大多是指在运动员基础技能扎实、掌握专项技能之后开展的，以提高专项素质为主的训练。专项体能训练可以提高学生对要求更高的健美操运动项目的适应性，因此许多高校在公共体育健美操课程中都会开展专项体能训练，但是公共体育健美操与竞技健美操的教学目标有所不同，所以在专项体能训练方面，教师既要适当开展专项体能训练，还要把握好专项体能训练的内容、强度、时间和难易程度，尽量不要盲目地进行高强度的专项体能训练，以免学生造成身体损伤，影响学生的学习热情。如在健美操动作速度训练中，竞技健美操运动员在训练中采用的是连续 4×8 拍快速大踢腿反复训练法，其目的是通过高要求训练提高运动员的动作速度。但是对于公共体育大班学生来说，许多人都难以达到这个要求，因此教师可以借鉴竞技体操运动员的训练方法，但是要适当放慢大踢腿的速度和频率，合理安排专项体能训练的时间，同时在训练中配合音乐来教学，以确保训练负荷在学生可接受的范围内。以健美操协调性训练为例，许多学生都认为协调性训练是体能训练中最不好练的，因此许多学生都对协调性训练产生了厌烦、害怕心理，针对这种现象，教师可以采取舞蹈组合、跑跳动作组合等形式来进行协调性训练，让学生在轻松、愉悦的学习氛围中掌握肢体部位协调变换技巧。

（二）创新体能训练方法

健美操体能训练的根本目的是提高学生的身体素质，但是体能训练教学目标能否实现与学生是否愿意参与体能训练密切相关。而要想使学生乐于参

加体能训练，教师必须就体能训练做出系统安排，同时创新体能训练方法。如健美操不同体能训练项目的训练力量传递与组合是不同的，教师要根据训练项目的特点及学生身体状况，选择合适的训练方法来教学，以提高学生的学习积极性。如在灵敏协调性训练中，过去许多教师采用的都是软梯训练法，但是对于那些技术水平较高的学生来说，这种方法显得无法满足他们的发展需求。因此，教师可以采取听颜色摸标志物、向前变向加速跑等方法来锻炼学生的协调性和速度。同样，在力量素质训练中，教师还要根据健美操大班学生的进步情况和接受能力，逐渐加大力量训练的强度，同时变徒手练习为器械负荷，变个体训练为对抗训练、合作训练，并将力量训练与耐力训练、速度训练等结合起来进行配合训练，以提高训练的质量。

（三）重视体育价值取向教学

高校公共体育的重要作用在于培养学生的终身体育意识，使学生养成体育锻炼的好习惯。体育技能教学和知识教学不过是体育教育的一部分，体育教学目标的真正实现，还必须通过学生体育素质教学来实现。因此，在健美操教学中，高校要认识到现代体育训练设备、仪器、方法的重要性，加大健美操教学投入，改善健康训练场地、空间环境；体育教师要通过体能训练和生物反馈训练来矫正学生的技术动作，以加快学生体育技能的形成速度。高校还要加大体育素质教学，针对大学生开展体育价值取向宣传教育，并通过各种形式的校园体育活动来宣传、普及"健康体育""快乐体育""终身体育"等体育价值观。高校体育教师在开展体育技能训练的同时，还要重视健美操价值取向教育，引导学生站在全局高度认识体育锻炼的重要性，认识科学锻炼之于个体发展的意义，并促使学生坚定长期锻炼的决心，科学有效地进行体能训练，以提高学生的身体素质。

（四）强化灵敏性

高校公共体育健美操教学生在进行体能训练时，首先要注重灵敏性等方面的训练，通过训练使身体更加协调、灵活，在掌握相关技术动作的前提下，取得更好的成绩。例如，软梯训练法是对灵敏性进行训练的一种方法，主要以小步跑、开合跳为主，对于学生的速度以及协调能力的发展都具有极为重要的作用。

（五）力量、耐力训练

学生具备一定的力量素质是进行训练的核心，和常规的力量训练相比，力量素质训练有很多不同。首先，从难度上来讲，要克服自重，并进行抗阻力相关的训练，然后再转变成为较为专业的力量素质训练。同时，力量训练的内容具有多样化的特性，如可以采用双腿双臂支撑等方式对力量素质进行训练。此外，还要注重对学生进行耐力素质等方面的训练，要完成一个完整的健美操动作大概需要两到三分钟的时间，这也就对学生的耐力提出了更高的要求，因此在教育教学中要对学生进行耐力等方面的训练，以提高学生的抗疲劳程度，为健美操训练创造相应的条件。在对耐力进行训练时，可以为学生提供有氧耐力、课内、课外等集中化训练模式，以此更好地强化学生的耐力素质。

（六）速度、柔韧性训练

高校公共健美操课程教学中要对学生进行速度等方面的训练，要认识到通过速度素质的训练，能够增强学生瞬间移动的能力，提高其灵活性。例如，可以使用动作速度、位移速度、反应速度等相关的方法，对学生的速度能力进行培养。此外，还要对学生的柔韧性进行培养，主要是以拉伸训练为主，可以在音乐的配合下增强训练的效果，进一步激发学生参与训练的兴趣。高校公共体育健美操课程教学中还要不断探索体能训练的相关策略，以此更好地促进学生的身心发展。

综上所述，体能训练是高校健美操课程中不可或缺的一部分。因此，在我国体育事业飞速发展的情况下，高校要深刻认识到自身在公共体育教学方面存在的问题和不足，然后立足于基础性的训练理论，针对普通学生选用合适的体能训练方法，以增强大班学生体能训练的效果，为学生长远发展打好坚实的基础。

第四节 竞技健美操教学与体能训练一体化的应用

竞技体能训练的主要内容是训练负荷，在进行竞技体能训练时，运动员承受的外部刺激表现在生理上的反应程度和心理方面的承受能力。教练员在制订训练计划时，要想达到所期望的成绩和目标，必须考虑负荷量、负荷强度和练习密度等因素，这样才能达到预期的成绩和目标。在提高运动员的竞技能力的同时，要科学安排训练方法和合理调控运动负荷。

在训练实践中，可从专项性程度、负荷的作用、动作的协调、负荷的数值大小等来区分不同的训练负荷。运动员所能承受的能力以及专项技能方面的需要和训练周期的不断变化为影响训练负荷的主要因素。

教练员应该科学地安排与设计运动负荷，明确各种负荷因素以及提出合理的训练实施方案。在制订方案时，应注意运动员的最大承受量以及最小的运动负荷、下一次运动负荷练习的时间、实际负荷水平和比赛性训练负荷。运动负荷如果一直停滞不前甚至有所倒退，则会使运动成绩无法提高。在现代训练中，运动负荷节奏一般包括波浪形节奏、斜线渐进形节奏、直线稳定形节奏、阶梯形节奏这四种形式。运动员对运动负荷极限的承受量、运动员在运动时所要适应的变化的最小运动负荷量、运动员恢复后下一次进行负荷练习的时间、运动员所承受的实际负荷水平、具有专项性质的训练负荷等是教练员制订运动负荷方案时应当注意的问题。

一、竞技健美操体能训练方法的分类与应用

（一）肌肉力量训练

在竞技健美操中，肌肉力量一般是指上肢、腰腹和下肢力量，一般通过电刺激法、重复用力法、静力性练习和强度法这四种方法来练习上臂肌群（肱二头肌、肱三头肌、屈肌群、伸肌群）、腹部肌群（上下腹部肌肉）、腿部肌群（大腿前后肌肉群、小腿肌肉群）。

（二）耐力素质训练

在竞技健美操中，运动员的耐力素质决定了一个运动员能否克服疲劳。教练员一般可以通过有氧耐力和无氧耐力来提高运动员的抗疲劳能力，即提高呼吸和心血管的功能，消除疲劳。通过持续训练、循环训练、变化训练和比赛训练等几种方法来进行训练。

（三）灵敏素质训练

在竞技健美操中，运动员的灵敏素质水平表现在能否在不同的条件下自如地完成动作，能否熟练地通过动作把素质和技能表现出来。教练员可在徒手练习、器械练习、组合练习和游戏中提高运动员的灵敏素质，在训练中应注意练习方式的多样化，注意观察运动员发展灵敏素质的最佳时期，根据个体差异合理安排训练时间。

（四）柔韧素质训练

在竞技健美操中，为了使运动员的动作优美协调，柔韧是健美操运动员训练至关重要的一部分，影响运动员柔韧素质的因素很多，主要是年龄、性别、温度、肌肉的疲劳程度等。

二、体能训练计划的应用

运动训练过程的实施是按照总体训练规划的设想逐一进行的系统过程，而训练的总体规划是依据训练目标来设计完成的。教练员需科学、系统地制订专项竞技训练计划。教练员可通过专项竞技训练，使运动员的专项能力不断提高，根据运动员的在队时间，可以制订多年训练计划；根据自然变更规律，如季节、气候和比赛安排等因素制订年度训练计划；根据短时间内小目标的实现制订阶段训练计划；根据常规训练周、赛前周、比赛和恢复周制订周训练计划；根据当日运动员身体状况、场地器材、气候等因素制订课时训练计划。制订多年训练计划是为了使竞技运动员常年具备良好的身体素质。多年训练计划的目标是多年训练计划的关键所在，采取数理统计方法建立训练目标的预测公式可帮助教练员分析项目特点、比赛任务、运动员最近情况等因素。年度训练计划是教练员和运动员组织实施运动训练活动最重要的文件之一。年度训练计划可以分为单周期训练计划、双周期训练计划和年训练计划。在制订年度训练计划时，要遵循运动训练的客观规律以及专项运动的技术要领、运动员的身体素质和发展规律。

在制订基本训练周训练计划时，内容要不拘一格，并交织有序。在制定赛前诱导周训练计划时，需要注意增加专项身体素质训练的练习比例。在制定比赛训练周训练计划时，应该把力量性的训练安排在赛前的前几天，把中低强度的训练安排在赛前的后几天，这样会使运动员在比赛中既有良好的体力又有良好的素质。恢复周训练主要是消除运动员生理和心理上的疲劳，大大降低训练强度，使运动员在赛后更好地恢复心情，同时保持一定的训练量，以保持运动员的能力。2~3 周的引导阶段、4~8 周的一般准备阶段、4~8 周的专门准备阶段、3~6 周的赛前准备阶段和比赛阶段五个阶段的训练计划是为了使运动员在比赛前达到最佳竞技状态。课时训练计划是各个课次的训练任务，一般一堂训练课由准备活动、内容教学和结束组成，同时它也对运动员在内容、数量、质量上有所要求。制订课时训练计划时，在主观上结合运动员的机能现状，在客观上结合场地、气候等外在条件，同时在课前要制定好当堂课的基本任务和要求。为了有效提高运动员的各方面能力，教练员在上课时可针对某一方面进行单一训练课，也可全面整体地进行综合训练。

根据运动员每个人的技术能力发展情况，教练员需要从运动员自身所欠缺的负荷强度和负荷量来考虑和监督运动员在各个训练周期的训练状况。在一定程度上，体能的高低决定了运动员水平的高低，提高运动员的体能是每个教练员在指导训练时不可缺少的。

体能训练是取得优异比赛成绩的关键，可以使运动员完善自身各方面的能力。教练员从肌肉力量、耐力素质、灵敏素质和柔韧素质这四个方面来不断提高运动员的体能。

教练员在制订体能训练计划时要掌握每位运动员所能承受的最大负荷能力，不能操之过急，使运动员有心无力，也不能丝毫不刺激运动员，使运动员停滞不前。

训练方法不是一成不变的，教练员要根据实际情况进行安排，运动员也要根据自身条件加减训练量。

依据比赛前、比赛时、比赛后不同的时间，运动员不同的训练心理状态，教练员需加减训练量，使运动员保持稳定的心理状态。

在没有比赛的阶段，教练员也要制订相对应的训练计划，使运动员拥有良好的训练状态，提高运动员的积极性。

第九章 健美操教学与形体训练一体化模式及其应用

第一节 健美操教学与形体训练一体化模式的特点

健美操具有健身健美功能、鲜明的节奏感和旋律感以及广泛的受众性。健美操形体训练的特点主要包括训练项目和训练模式较多，能够激发练习者的表演欲望，具有灵活性。形体训练对健美操教学效果产生的影响主要包括增强形体塑造效果，提高学生的艺术修养和身体素质。教师要将训练内容与健美操的协调性、对应性相结合，有效进行教学内容衔接，全面提高形体训练教学的有效性。

健美操是集音乐、体育、体操、舞蹈、健身于一身的形体锻炼项目，这项体育运动项目对于身体的形体美、动态美、健康美都有塑造作用。迄今为止，我国高校普遍开设了健美操课程，并在体育课上占据着重要分量。随着高校新课程改革的大力推进，健美操课程逐渐在高校普，健美操以其自身独特的形体美感、力量美感深受学生的欢迎。健美操既属于体育运动的一个项目，可以起到强健体魄的作用，又是一门形体艺术，可以给练习者带来愉悦和美感，起到了娱乐的作用。在形体训练过程中，对学生的身体、心态以及舞蹈基本技巧有一定的要求。为了增强高校健美操教学效果，必须在教学过程中不断加强学生的形体训练。

一、健美操教学与形体训练一体化模式的特点

形体指的是人体的外形，包括体形、动作、姿态等。形体训练可借助于器械或徒手进行，能达到塑造形体、锻炼仪态的目的，还能培养形体美，具有很强的目的性。

（一）训练项目和训练模式较多

健美操形体训练适合于不同阶层、年龄、群体、性别、体形、体质的人进行练习和学习。形体训练项目种类较多，不同项目的训练目标和训练模式是不同的。形体训练不仅提升了身体局部的能力，而且有利于协调整个身体，达到形象塑造、礼仪规范等目的。

（二）能够激发练习者的表演欲望

形体训练项目最初是从舞蹈中脱离而来的，并借助于音乐这种形式展现出了形体训练的无穷魅力，激发了练习者的表演欲望。形体训练可以给人带来身心上的舒适感、愉悦感。

（三）具有灵活性

形体训练既可以徒手来完成，也可以通过辅助器械来完成，还可以借助运动仪器来完成；可以集体练习，也可以个人练习。与此同时，还可以结合练习者的生理结构、体质特点等实际情况选择不同的训练模式和环境模式。形体训练灵活性强，不受场地、器械、地点、时间的制约，只要合理安排好训练内容，并进行具有针对性、计划性、科学性的练习，就可以达到健身的目的。

二、健美操教学与形体训练之间的联系

健美操与形体训练二者之间的联系非常紧密，借助于形体训练可以科学、规范地做好健美操动作，可以起到塑造形体的作用，使形体动作更加规范。不能将健美操和形体训练的概念混淆在一起，健美操是为了迎合健身需求再配合动感音乐旋律所进行的各种转体、跳跃、劈叉等动作，属于可以提升身体强度的有氧运动，对于练习者的体质、肌肉力量、关节灵活度、心肺耐力、肢体稳定性皆有不同程度的要求。在形体训练过程中，对于学习者的头、颈、胸、腰、膝、臂等方面都提出了详细的要求，可以促使练习者在完成整个健身健美动作的同时帮助其纠正胸、肩、腿的不良姿态，构建优美身姿，从而使整套练习动作更加规范。

三、健美操教学与形体训练一体化的作用

（一）增强形体塑造效果

随着高校学生娱乐模式多元化状态的开启，他们进行体育锻炼的时间锐减，机会也越来越少，这样的局面严重影响了高校学生的身体素质。高校学生尚未进入高校时由于长时间久坐而保持一个坐姿，再加上忙于考试，缺乏体育锻炼，进入高校后如果依旧缺乏运动和形体训练，就会严重影响其身体发育状况，不利于形体的有效塑造。

尽管健美操在高校已经较为普及，但教学流于形式，在教学过程中更注重动作技巧的练习，忽视了对学生身体形态的塑造，难以纠正学生在中学时期就形成的不良体态，学生形体状态不好也会影响到健美操教学的顺利开展。在这种现状下，健美操教学效果并不明显，学生的学习兴趣也不高。因此，在高校健美操教学的实施过程中，教师要从根本上重视学生的形体训练，对于学生的

不良体态要予以矫正。不仅如此，教师还要经常关注学生头部、颈部、腰部等位置的形体塑造。对于学生形体不规范这一现状，形体姿势的纠正和重塑可以提高学生身体的柔韧度。健美操具有提升形体美、气质美和强健体魄的功能，对于增强学生体质具有重要作用。

形体训练是健美操教学的核心部分，长时间训练有助于学生养成良好的训练习惯。在健美操教学实践中，教师可以开展形体训练活动，提升学生的形体美。

（二）增强审美意识

形体训练可以增强学生的审美意识。在健美操教学过程中，主要是训练学生的动作灵敏度、协调性、节奏感等，进而提升人的气质，使人的精神状态更加完美协调，以达到形体与精神状态的和谐统一，能够更好地展现出高校学生的良好精神面貌。

形体训练可以对学生的站姿、坐姿、走姿进行矫正，有助于标准形体的形成。除此之外，在形体训练过程中能够使学生对美产生新的认知，增强学生的审美意识。对学生形态的内在美和外在美进行强化，并在此基础上规范学生的生活习惯，塑造学生的坚强意志，可以进一步增强形体训练的良好效果。

健美操教学对于学生人文素养的养成具有重要作用，尤其是对学生审美意识和审美能力的增强有着非常强的促进作用，能够提高学生的鉴赏能力、审美品位。通过形体训练过程中刚柔相济、快慢适中、协调、平衡、流畅的动作能够展现出学生的形体美，从而有效提升学生的气质、修养。

（三）提高学生的身体素质

在高校健美操教学的形体训练中，需要借助器械和动作技巧来完成整个训练任务，这样可以塑造形体曲线，增加学生的身体力量、肌肉力量，从而提高学生的身体素质。例如，通过把杆可以对身体姿态和造型进行控制，并通过反复训练来锻炼肌肉的调控能力，进而提高学生身姿的优美度。形体训练当中一项最基本的内容就是对肌肉力量的训练，力量训练在高校健美操教学中有一定的难度，但却可以有效促进学生身体素质的提升。由于高校学生的不良生活习惯以及食物摄取习惯，导致腰部的脂肪比较多。在形体训练的过程中，可以凭借平板支撑、两头起等动作来实现腰部减脂，以达到塑形的目的。保持较少的脂肪比例可以有效控制身材，这样就可以达到提升高校学生身体素质的目的。

四、健美操形体训练的注意事项

教师在健身操教学过程中要充分发挥自身的引导作用，对学生进行指导并纠正其不良体态，使学生的形体动作更加完美、规范，从根本上提高学生对于形体美的感悟能力。教师要想取得较好的教学效果，就要在教学实践中身体力行，提升自身的健美操功底。在教学过程中，教师要起到示范作用，科学制定教学目标，有效设计教学内容，以增强教学效果。教师对于形体训练教学目标和教学内容的规划非常重要，要在教学过程中引入科学的训练机制，提升训练的创新性、有效性，并在此基础上合理安排形体训练的课程结构，有效调整形体训练在课堂上的时间比例。同时，还要注意将训练内容与健美操的协调性、对应性相结合，有效进行教学内容衔接，全面提高形体训练教学的有效性。

形体训练对于高校健美操的学习效果有较大影响，对于提升学生的气质、艺术修养、身体素质、综合素养有着非常重要的现实意义。因此，在高校健美操教学过程中要引入形体训练，不断进行教学模式创新，采用科学有效的训练模式来增强教学效果，以促进学生的全面发展。

第二节 健美操教学与形体训练一体化
模式的应用

最近几年,健美操课程已经在各个高校中不断推广与普及,但是学生的身体素质较差,同时学生所具有的运动能力及水平也较低。大部分学生甚至没有接触过形体训练,缺乏对形体训练的认知,这将对在高校健美操教学中进行形体训练带来巨大的困难与影响。大多数高校大学生的身体素质虽然一般,但是仍然具有很强的可塑性。因此,若有效地在健美操教学中开展形体训练,可以解决学生因长时间学习或者不良习惯所导致的身体姿态问题。传统的高校健美操课程教学内容已经无法满足学生在形体方面的发展需求,因此这就需要对传统高校健美操教学模式及内容进行改革与创新,进而满足高校学生的实际发展需要。在高校健美操教学中开展形体训练能够很好地提高学生的身体素质,改善学生的身体形态。

一、健美操教学与形体训练一体化模式的原则

(一)整体性原则

即健美操教师在形体训练教学过程中,应将学生看作一个有机的整体,其各个器官是相互结合在一起的,同时要能够正确认识到各个部位之间的内在、外在联系,认识到整体与局部之间的关系,并将此贯彻到训练之中。

(二)因材施教原则

健美操教师在进行形体训练之前必须充分了解每一位学习者的身体状况,同时让他们对自己的身体形态具有初步的认知,进而拟定一个适合他们个人发展的形体训练计划,让学生对自己的形体训练能够具有清晰的目标和方向,

这样学生才可以更好地通过反馈信息来调整自己的形体训练计划。

（三）持续性原则

高校健美操教学中的形体训练不仅仅是短期进行的，它需要长期且不间断地进行，贵在学生的坚持。学生只有长期坚持不懈地进行形体训练，才能塑造更好的身体形态，进而提高健美操动作的艺术性和观赏性。

二、健美操教学与形体训练一体化模式的作用

（一）塑造学生良好的身体形态，让其健美操动作更加优美

每个人对美都有一种向往，尤其是处于青春期的高校女大学生，他们对于美有着强烈的追求。高校健美操教学基本上都是教授一套或者几套完整的技术，课堂上往往过于重视学生是否掌握技术动作，而忽略了对学生身体形态的培养。在高校校园内，学生夹肩、含胸驼背等现象是非常常见的，这些学生若将这些不良的身体姿态带入健美操的整套动作之中，不仅会影响其质量，也会影响其美观性，进而逐渐降低了他们对健美操的学习兴趣。

形体训练作为健美操身体练习的基本手段，能够让人体的形态均匀、和谐的发展，同时还可以培养学生正确、优美的健美操动作姿态，提高学生的身体素质。学生只有在全身协调配合的情况之下，才能充分展示出自己的整体美。健美操教学中的形体训练要求学生保持良好的身体形态，对他们的各个身体部位都有着严格的要求。这些不仅能够帮助学生改正他们原有的不良身体姿态，同时其中的柔韧性练习以及协调性练习可以提高他们的关节灵活性、伸展性以及弹性，让其动作更加标准，姿态更加优美。

（二）培养学生高雅的气质，提高审美能力

一个人的气质是内在与外在相结合的表现，能够有效展示出一个人的精

神面貌。高校健美操教学形体训练中关于站立以及行走的方法都可以让学生保持正确的体态与体形，进而达到纠正不良姿态的目的，让学生具有外形美。形体训练能够充分展现出学生身体的运动之美，进而让学生能够在健美操课堂上与美产生共鸣，加深对于美的情感体验，培养学生的审美意识，让学生能够养成保持身体形态美的习惯。高校健美操教学可以培养学生的审美能力，让学生能够将对于美的感悟在健美操技术动作中展示出来，增强健美操表演时的艺术性以及表现力。

（三）提高学生的艺术修养

根据健美操的特点我们知道，它是非常符合当代富有青春活力大学生的精神及健康需求的。同时，健美操正在朝着艺术化方向发展，艺术化的重要体现在于音乐与舞蹈。所以教师若想有效培养学生健美操表演过程中的艺术性，必须重视培养学生的音乐及舞蹈素养。其中，舞蹈练习是辅助健美操教学的重要手段之一，通过舞蹈训练不仅能够提高学生的身体基本素质，培养学生正确的身体姿态，还可以提高学生的表现能力、创造能力以及鉴赏能力等，对于促进学生综合素质的发展具有重要意义。在形体训练中，音乐与舞蹈是其中的主要内容，欢快的音乐以及相匹配的动作能够让学生活力无限，同时在形体训练过程中，学生对音乐及舞蹈的感知能力也会得到增强。形体训练能够让学生具备健美操教学所需的基本身体素质及形态，提高学生的艺术修养，促进学生综合能力的培养。

（四）提高学生的身体素质

由于长期的学习与消极对待体育项目致使很多学生对形体训练缺乏基本的认识，身体素质较差，所以各大高校推出体育项目课程学习，通过正确的形体训练和健美操运动来对学生的形体以及身体素质进行改善。通过形体训练，可培养学生的基本姿态，提高学生的身体素质。在学生训练的过程中，应有效结合健美操的协调性与柔韧性以及力量训练等，如可以利用把杆或者调控练习，对姿态进行训练，使肌肉习惯正确的身体姿态。

三、健美操教学与形体训练一体化模式的应用

（一）柔韧性练习

教师必须长期进行柔韧性练习，确保学生身体关节的灵活性、伸展性等能够达到健美操动作的基本要求。柔韧性练习能够有效改善肌肉之间的协调能力，能够让肌肉得到放松。柔韧性练习可以减轻运动后肌肉的僵化现象，同时还可以让健美操技术动作更加标准，身体姿态更加优雅。

（二）芭蕾基础训练

1.扶把训练

扶把练习能够有效提高学生身体的控制能力以及平衡能力。学生可以通过扶把练习，让自己的手臂、身体躯干以及腿脚等各部位进行正确的感知，同时逐步加强学生对各个健美操规范动作的了解与认知，让学生能够清晰地感知到健美操中的技术动作所需要的力度以及幅度，进而提高学生对健美操技术动作的控制能力和判断能力。健美操是非常重视学生的表现力的，所以学生必须有效了解各个技术动作中的制动点，力求动作标准规范，干净利落。例如，教师可以安排学生进行芭蕾步伐练习，同时在练习过程中引导学生将注意力重心放在脚的动作规范上，进而让学生逐渐找到各种步伐的运动控制方法，掌握踝关节在伸展过程中所需要的力度，把握步伐的节奏，进而充分掌握扶把的正确站位以及身体各个动作的幅度，同时为学生脱把的训练奠定良好的基础。

2.脱把练习

这个练习是扶把练习的延伸，同时也更加具有技术含量。例如，教师开展上肢的摆动、躯体的环绕以及身体的律动等训练，可以提高学生对身体各个肌肉群的控制能力，进而让学生可以更好地展示出自己优美的身体姿态。同时教师可以运用深蹲跳、开合跳等锻炼学生的下肢力量，提高学生动作的瞬间爆发力。除此之外，脱把训练能够促进学生掌握健美操的各种技术动作，如基本步法练习以及小动作组合练习，可以提高学生健美操技术动作的协调性以及流畅性。通过这些各式各样的基础训练，学生的身体形态也能够更好地符合健美操动作的要求，从而提高课堂教学质量。

3.力量练习

健美操需要学生具备一定的力量作为支撑，因此形体训练必须重视学生的力量练习。只有当学生各个身体部位的力量达到相应的要求时，才可以保证健美操各个动作的力度及速度。同时，进行力量练习还可以达到锻炼学生身体素质的教学目标，符合高校体育的教学要求。

综上所述，高校健美操教学中形体训练具有重要的意义。形体训练必须长期坚持，反复纠正，只有这样才能够有效改善学生的身体形态，培养学生的身体素质，最终达到理想的健美操教学效果。

第三节 健美操教学与形体训练一体化
模式的内容

　　形体训练是指锻炼肢体的协调能力、身体的柔韧度，以及身体的灵活能力的一种训练，主要分为徒手和器械两种。健美操的形体训练可以让人变得更加"坐有坐相，站有站相"，而且可以给人一种赏心悦目的感觉，给人留下一个好的印象。我国自古以来就很注重一个人的外在形象。通过形体训练可以改变"坐、立、行"等行为，不仅可以让人改正不良的习惯，还可以让人变得更加有气质。

一、形体训练当中的基本姿态训练

　　所谓的徒手健美操形体训练，就是运用自己的肢体有节奏并且有规律地进行运动。徒手健美操形体训练的第一项就是要对学生的"坐、立、行"等行为进行纠正，提升学生的个人气质，使其变得很优雅，让其看起来更加赏心悦目。有不少明星就是舞蹈专业出身，他们的气质都很不一样。比如说气质美女刘诗诗，她是芭蕾舞专业出身，其气质高雅，像一只高贵的白天鹅。这种高贵的气质来源于多年的专业舞蹈形体训练。其实一个人的姿态是非常有可塑性的。如果一个人长期接受专业的形体训练，可以改掉很多不良的习惯。

二、形体训练当中的素质训练

　　形体训练当中的素质训练是对人体的伸展性的一种训练。素质训练就是锻炼人体各个部位的关节、肌肉和韧带的一种训练。这种的素质训练是为了提高人体各个部位关节的灵活性，提高人体各个部位肌肉的弹性，提高人体各个部位韧带的柔韧性。形体训练中的素质训练是一个循序渐进的过程，不能急于求成，要根据自己的身体情况来进行练习。

三、形体训练当中的体态控制

对于一个练习形体的人来说，首先要注意的就是自己的体重问题，可以说体重其实也是形体训练的一个比较重要的条件。如果一个人的体重过轻，那么这个人在"力"的训练上是可能无法达标的，如果长时间这样训练的话会对身体造成不可逆转的伤害；如果一个人的体重过重的话，体重过重的人身体的各个关节会受到很大的压力，而且体重过重的人在训练过程中的平衡能力不是很好，这会影响到形体训练的效果，并且可能会让自己的关节受到一定的伤害。在注意体重的同时，务必记得不能过分地减重，因为过分地减重也会对身体造成伤害。

参考文献

[1]黄帅.高校健美操教学训练一体化模式的研究初探[J].青少年体育，2018（10）：93-94.

[2]郑嵘婷，胡春梅.浅谈高校健美操教学训练一体化的有效性[J].青少年体育，2016（10）：82-84.

[3]盘华.高校健美操课堂教学与课外训练一体化模式研究[J].运动，2016（23）：98-99.

[4]樊超.浅谈高校健美操教学训练一体化模式的构建[J].陕西教育（高教），2017（08）：41-42.

[5]潘玲，陈伟，周云雷.高校健美操教学训练一体化模式的研究[J].当代体育科技，2017，12（7）：144-145.

[6]张丽娟，韩志国，许汉阳.高校健美操教学训练一体化模式研究[J].佳木斯职业学院学报，2017，15（8）：309-310.

[7]王红芳，侯媛，李建华.高校健美操教学训练一体化模式的研究[J].青少年体育，2018，22（9）：82-83.

[8]郭晓芳，李媛，周晓晓.健美操教学训练一体化模式的分析[J].课程教育研究：新教师教学，2016，23（17）：122-124.

[9]潘玲.高校健美操教学训练一体化模式的研究[J].当代体育科技，2017，7（24）：44-45.

[10]王晓瑞.高校健美操课堂教学与课外训练一体化模式研究[J].体育世界（学术版），2019（01）：91-92.

[11]王添.对高校健美操教学训练一体化模式的研究[J].当代体育科技，2018，8（36）：24-25.

[12]朱时懿.高职健美操教学模式分析[J].文体用品与科技，2012（18）：96.

[13]赵文红，吴岩.普通高校健美操教学"课内外一体化"模式的创新研究[J].科技资讯，

2014，12（30）：185-186.

[14]陈晓莹，李嘉玥.解析高校健美操教学训练一体化模式[J].体育时空，2018（24）：266.

[15]田德林，刘波.高校健美操教学训练一体化模式构建研究[J].文体用品与科技，2019，4（4）：235-236.